VIE

DE LA

BIENHEUREUSE

MARGUERITE-MARIE

ALACOQUE

TIRÉE TEXTUELLEMENT

D'UN

MANUSCRIT ÉCRIT PAR ELLE-MÊME

D'après l'ordre du P. ROLIN, son directeur.

PARIS-AUTEUIL

...MERIE DES APPRENTIS-ORPHELINS. — ROUSSEL.

40, rue La Fontaine, 40.

1880

VIE

DE LA

BIENHEUREUSE

MARGUERITE-MARIE ALACOQUE

VIE
DE LA
BIENHEUREUSE
MARGUERITE-MARIE ALACOQUE
TIRÉE TEXTUELLEMENT
D'UN
MANUSCRIT ÉCRIT PAR ELLE-MÊME
D'après l'ordre du P. ROLIN, son directeur.

SUIVIE
d'une neuvaine en son honneur

PAR
LE R. P. PICCIRELLI
De la Compagnie de Jésus

PARIS-AUTEUIL
IMPRIMERIE DES APPRENTIS-ORPHELINS. — ROUSSEL.
40, rue La Fontaine, 40.

1880

AU LECTEUR

Cette neuvaine a été inspirée par le désir de présenter quelques traits de la B. Marguerite aux âmes dévouées à son culte, afin de réveiller en elles la ferveur de l'esprit, et de les exciter à reproduire la suave beauté d'un si grand modèle.

Nous rappellerons qu'il est impossible de séparer la B. Marguerite, du Cœur Sacré de Jésus. C'est pour lui seul qu'elle vécut, elle ne vivait que de sa vie, ou, pour parler avec l'apôtre, c'était le Cœur Sacré de Jésus qui vivait en elle. Il serait donc bien difficile de faire connaître la

Vierge de Paray, sans pénétrer dans les mystères de la vie intérieure, ou disons-le simplement, sans retracer la vie divine du Sacré-Cœur, et sans toucher à certains degrés de perfection qui assurément sont loin d'être communs ici-bas.

Du reste, on ne songera pas à s'étonner, si on remarque bien que cette neuvaine est principalement destinée aux personnes qui font profession de piété, soit en religion, soit dans le monde. A de telles âmes on peut, sans aucun doute, proposer un idéal plus élevé ; n'est-on pas en droit de leur demander une perfection plus grande ?

Les simples fidèles qui marchent dans la voie ordinaire peuvent aussi tirer profit de ces considérations. Tel est l'attrait des grands exemples de vertu, que, tout en embrasant les cœurs bien disposés, ils disposent les autres à se laisser captiver par leur charme tout divin.

Mais, pour être fertiles en fruits de

sainteté, ces exemples doivent être d'abord bien connus. Aussi ne sera-t-il pas inutile, croyons-nous, de mettre en tête de cette neuvaine les quelques détails biographiques que la Bienheureuse nous a donnés sur elle-même. Puis, l'onction vraiment céleste, répandue dans ces pages, ne peut manquer d'avoir, à elle seule, une merveilleuse efficacité sur les cœurs, par conséquent de faire beaucoup pour le but de cette neuvaine. Remarquons toutefois que l'écrit de Marguerite s'arrête à l'année 1687, trois ans avant sa sainte mort; nous avons pris dans le récit de ses contemporaines ce qu'il est indispensable d'ajouter. Afin d'en rendre la lecture plus agréable, nous l'avons partagé en dix sections, une section pour chaque jour de la neuvaine. Ici une difficulté se présentait. La Bienheureuse, en écrivant, n'avait en vue que d'obéir à son Directeur et de lui dévoiler toute son âme. Elle raconte, avec beaucoup de grâce assurément, mais sans trop d'ordre, ni de méthode ; c'est le simple tableau de ce qui se passe en elle. Nos divisions paraîtront peut-être arbitraires ; cependant, qu'elles correspondent plus ou moins à leurs titres, elles auront toujours un avantage incontestable, celui d'offrir un point d'arrêt à l'esprit.

Formée à l'école de l'amour, la vie de Marguerite est comme la manifestation éclatante de la dévotion au Sacré-Cœur, puisse cette dévotion produire, dans tous ceux qui en méditeront les secrets, ces grandes merveilles de salut, opérées dans la Bienheureuse !

J. M. Piccirelli S. J.

Scholasticat de Vols,

Le 8 septembre 1879.

VIE

DE LA BIENHEUREUSE

MARGUERITE-MARIE ALACOQUE

I

PRÉVENANCES DE JÉSUS POUR MARGUERITE DURANT SES PREMIÈRES ANNÉES.

†

VIVE JÉSUS!

C'est donc pour l'amour de vous seul, ô mon Dieu, que je me soumets d'écrire ceci, par obéissance, en vous demandant pardon de la résistance que j'y ai faite. Mais comme il n'y a que vous qui connaissiez la grandeur de la répugnance que j'y sens, aussi n'y a-t-il [que] vous seul qui me puissiez donner la force de la surmonter, ayant reçu cette obéissance comme de votre part, voulant punir par là le trop de joie et de précaution que j'avais prise pour suivre la grande inclination que j'ai toujours eue de m'ensevelir dans un éternel oubli des créatures ; et une fois, après avoir tiré des promesses des personnes que je croyais y pouvoir contribuer, et brûlé les écrits que j'avais faits par obéissance, c'est-à-dire, ceux qu'on m'avait laissés, cette ordonnance m'a été faite. O mon souverain Bien ! que je n'écrive rien que pour votre plus grande gloire, et ma plus grande confusion.

O mon unique Amour ! combien vous suis-[je] redevable de m'avoir prévenue dès ma plus tendre jeunesse, en vous rendant le maître et le possesseur de mon cœur, quoique vous connussiez bien les résistances qu'il vous ferait ! Aussitôt que je me sus connaître, vous fîtes voir à mon âme la laideur du péché, qui en imprima tant d'horreur dans mon cœur que la moindre tache m'était un tourment insupportable ; et pour m'arrêter dans la vivacité de mon enfance l'on n'avait qu'à me dire que c'était offenser Dieu : cela m'arrêtait tout court, et me retirait de ce que j'avais envie de faire.

Et sans savoir ce que c'était, je me sentais continuellement pressée de dire ces paroles : « O mon Dieu, je vous consacre ma pureté et je vous fais vœu de perpétuelle chasteté. » Je les dis, une fois, entre les deux élévations de la Sainte Messe, que, pour l'ordinaire, j'entendais les genoux nus, quelque froid qu'il fît. Je ne comprenais point ce que j'avais fait, ni que voulait dire ce mot de vœu, non plus que celui de chasteté. Toute mon inclination n'était que de me cacher dans quelque bois, et rien ne m'empêchait, que la crainte de trouver des hommes.

La très Sainte Vierge a toujours pris un très grand soin de moi, qui avais [en elle] mon recours en tous mes besoins ; et elle m'a retirée de très grands périls. Je n'osais point du tout m'adresser à son divin Fils, mais toujours à elle, à laquelle je présentais la petite couronne du Rosaire, les genoux nus en terre, ou en faisant autant de génuflexions en baisant la terre, que d'*Ave Maria*.

Je perdis mon père fort jeune, et comme j'étais unique de fille, et que ma mère s'étant chargée de la tutelle de ses enfants, qui étaient au nombre de cinq, demeurait très peu au logis, par ce moyen j'ai été élevée jusqu'à l'âge d'environ huit ans et demi sans autre éducation que des domestiques et villageois.

On me mit dans une maison religieuse, où on me fit communier que j'avais environ neuf ans, et cette communion répandit tant d'amertume pour moi sur tous les petits plaisirs et divertissements, que je n'en pouvais plus goûter aucun, encore que je les cherchais avec empressement; mais lors même que j'en voulais prendre avec mes compagnes, je sentais toujours quelque chose qui me tirait et m'appelait en quelque petit coin, et ne me donnait point de repos que je ne l'eusse suivi; et puis, il me faisait mettre en prières, mais presque toujours prosternée, ou les genoux nus, ou faisant des génuflexions, pourvu que je ne fusse pas vue, mais ce m'était un étrange tourment lorsque j'étais rencontrée.

J'avais grande envie de faire tout ce que je voyais faire aux religieuses, les regardant toutes comme des saintes, pensant que, si j'étais religieuse, je la deviendrais comme elles; cela m'en fit prendre une si grande envie, que je ne respirais que pour cela, quoique je ne les trouvasse pas assez retirées pour moi; et n'en connaissant point d'autres, je pensais qu'il fallait demeurer là.

Mais je tombai dans un état de maladie si pitoyable que je fus environ quatre ans sans pouvoir marcher. Les os me perçaient la peau de tous côtés ; ce qui fut la cause qu'on ne me laissa que deux ans dans ce couvent, et on ne put jamais trouver aucun remède à mes maux, que de me vouer à la Sainte [Vierge], lui promettant que, si elle me guérissait, je serais un jour une de ses filles. Je n'eus pas plutôt fait ce vœu, que je reçus la guérison, avec une nouvelle protection de la très sainte Vierge, laquelle se rendit tellement maîtresse de mon cœur, qu'en me regardant comme sienne, elle me gouvernait comme lui étant dédiée, me reprenant de mes fautes, et m'enseignant à faire la volonté de mon Dieu ; et il m'arriva une fois que m'étant assise en disant notre rosaire, elle se présenta devant moi, et me fit cette réprimande qui ne s'est jamais effacée de mon esprit, quoique je fusse encore bien jeune : « Je m'étonne, ma fille, que tu me serves si négligemment ! » Ces paroles laissèrent une telle impression dans mon âme, qu'elles m'ont servi toute ma vie.

Ayant recouvré la santé, je ne pensai plus qu'à chercher du plaisir dans la jouissance de ma liberté, sans me soucier beaucoup d'accomplir ma promesse. Mais, ô mon Dieu! je ne pensais pas alors, ce que vous m'avez fait connaître et expérimenter depuis, qui est que votre Sacré-Cœur, m'ayant enfantée sur le Calvaire, avec tant de douleur, la vie que vous m'y aviez donnée ne pouvait s'entretenir que par l'aliment de la Croix, laquelle serait mon mets délicieux. Voici comment : sitôt que je commençai à respirer l'air de la santé, je me portai à la vanité et à l'affection des créatures, me flattant que la tendresse que ma mère et mes frères avaient pour moi, me mettait en liberté de prendre mes petits divertissements, en me donnant, du bon temps autant que je voudrais. Mais vous me fîtes bien voir, ô mon Dieu, que j'étais bien éloignée de mon compte, lequel javais fait suivant mon inclination, naturellement portée au plaisir, mais non selon vos desseins, qui se trouvèrent bien éloignés des miens.

Ma mère s'était dèpouillée de son autorité dans sa maison pour la remettre à quelqu'autres qui s'en prévalurent de telle manière, que jamais elle, ni moi, ne fûmes en si grande captivité; non que je veuille blâmer ces personnes en ce que je vais dire, ni croire qu'elles fissent mal en me faisant souffrir (mon

Dieu ne me permettait pas cette pensée), mais seulement de les regarder comme instruments dont il se servait pour accomplir sa sainte volonté. Nous n'avions donc plus aucun pouvoir dans la maison et n'osions rien faire sans permission. C'était une continuelle guerre, et tout était fermé sous la clef, en telle sorte, que, souvent je ne me trouvais pas même de quoi m'habiller pour aller à la sainte Messe, [à moins] que je n'empruntasse coiffe et habits. Ce fut pour lors que je commençai à sentir ma captivité, à laquelle je m'enfonçai si avant, que je ne faisais rien et ne sortais point sans l'agrément de trois personnes.

Ce fut dès lors que toutes mes affections se tournèrent à chercher tout mon plaisir et consolation dans le Très Saint-Sacrement de l'Autel. Mais me trouvant dans un village éloigné de l'église, je n'y pouvais aller, qu'avec l'agrément de ces personnes; et il se trouvait que quand l'une le voulait, l'autre ne l'agréait pas; et souvent lorsque j'en témoignais ma douleur par mes larmes, l'on me reprochait que c'était que j'avais donné quelque rendez-vous à quelques garçons et qu'il m'était bien sensible de ne les pouvoir aller trouver, sous le prétexte de vouloir aller à la sainte Messe ou bénédiction du Très Saint Sacrement. Et moi qui me sentais dans mon cœur une si grande horreur de tout cela, que j'aurais plutôt consenti à voir déchirer mon corps en mille pièces que d'avoir telle pensée! C'était pour lors que, ne sachant où me réfugier, sinon dans quelque coin de jardin, ou d'étable, ou autre lieu secret, où il me fût permis de me mettre à genoux pour répandre mon cœur par mes larmes devant mon Dieu, par l'entremise de la très Sainte Vierge, ma bonne Mère, à laquelle j'avais mis toute ma confiance, je demeurais là des journées entières, sans boire ni manger. Mais cela était ordinaire, et quelquefois quelques pauvres gens du village me donnaient, par compassion, un peu de lait ou de fruits sur le soir. Et puis, lorsque je retournais au logis, c'était avec une si grande crainte et tremblement, qu'il me semblait être une pauvre criminelle qui venait recevoir sa sentence de condamnation; et je me serais estimée plus heureuse d'aller mendier mon pain, que de vivre comme cela, car souvent je n'en osais prendre sur la table. Car du moment que j'entrais à la maison, la batterie recommençait plus fort, sur ce que je n'avais pas pris soin du ménage et des enfants de ces chères bienfaitrices de mon âme; et sans qu'il me fût loisible de dire un seul mot, je me mettais à travailler avec les domestiques. Ensuite de quoi, je passais les nuits comme j'avais passé le jour, à verser des larmes, au pied de mon crucifix, lequel me fit voir, sans que j'y comprisse rien, qu'il voulait se rendre le maître absolu de mon cœur, et qu'il voulait me rendre en tout conforme à sa vie souffrante; que c'était pourquoi il voulait se rendre mon maître, en se rendant présent à mon âme, pour me faire agir comme il agissait parmi ses cruelles souffrances, qu'il me faisait voir avoir souffert pour mon amour.

Et dès lors mon âme en demeura si pénétrée, que j'aurais désiré que mes peines n'eussent pas cessé d'un moment. Car depuis il m'était toujours présent sous la figure du crucifix ou d'un *Ecce homo* portant sa croix; ce qui imprimait en moi tant de compassion et d'amour des souffrances, que toutes mes peines me devinrent légères en comparaison du désir que je sentais d'en souffrir pour me conformer à mon Jésus souffrant. Et je m'affligeais de voir que ces mains qui se levaient quelquefois pour me frapper, étaient retenues, et ne déchargeaient pas sur moi toute leur rigueur. Je me sentais continuellement pressée de rendre toutes sortes de services et bons offices, à ces véritables amis de mon âme, qui se serait sacrifiée de bon cœur pour eux ; n'ayant de plus grand plaisir que de leur faire du bien et en dire tout celui que je pouvais. Mais ce n'était pas moi qui faisais tout ce que j'écris et écrirai bien malgré moi, mais c'est mon souverain Maître, qui s'était emparé de ma volonté et ne me permettait pas même de former aucune plainte, murmure ou ressentiment contre ces personnes ; ni même [de] souffrir qu'on me plaignît et portât compassion, disant qu'il en avait usé ainsi, et qu'il voulait que, lorsque je ne pourrais empêcher que l'on m'en parlât [je] leur donnasse tout le bon droit et à moi tout le tort, disant, comme c'est la vérité, que mes péchés en méritaient bien d'autres.

Mais dans l'extrême violence qu'il me faut faire en écrivant ceci, que j'avais toujours tenu caché avec tant de soin et de précaution pour l'avenir, tâchant même de n'en conserver aucune idée dans ma mémoire, afin de tout laisser dans celle de mon bon Maître, je [lui] fis mes plaintes dans la grande répugnance que je sens; mais il m'a fait entendre et dit : « Poursuis, ma fille, poursuis, il n'en sera

» ni plus ni moins pour toutes tes répugnances;
» il faut que ma volonté s'accomplisse. » —
« Mais, hélas! mon Dieu, comment me souve-
» nir de ce qui s'est passé depuis plus d'en-
» viron vingt-cinq ans? » — « Ne sais-tu pas
» que je suis la mémoire éternelle de mon Père
» céleste qui ne s'oublie jamais de rien, et dans
» laquelle le passé et le futur sont comme le
» présent? Ecris donc sans crainte tout, sui-
» vant que je te dicterai, te promettant d'y
» répandre l'onction de ma grâce, afin que
» j'en sois glorifié.

« Premièrement, je veux cela de toi pour
» te faire voir que je me joue, en rendant
» inutiles toutes les précautions que je t'ai
» laissé prendre pour cacher la profusion des
» grâces dont j'ai pris plaisir d'enrichir une
» aussi pauvre et chétive créature que toi,
» qui n'en dois jamais perdre le souvenir,
» pour m'en rendre de continuelles actions de
» grêces.

» En second lieu, pour t'apprendre que tu
» ne te dois point t'approprier ces grâces, ni
» être chiche de les distribuer aux autres,
» puisque je me suis voulu servir de ton cœur
» comme d'un canal pour les répandre selon
» mes desseins dans les âmes, dont plusieurs
» seront retirées par ce moyen de l'abîme

» de perdition, comme je te le ferai voir dans
» la suite.

« Et en troisième lieu, pour faire voir que
» je suis la Vérité éternelle, qui ne peut
» mentir, je suis fidèle à mes promesses, et
» que les grâces que je t'ai faites peuvent
» souffrir toutes sortes d'examens et d'épreu-
» ves. » Après ces paroles, je me suis sentie tellement fortifiée, que malgré la grande [peine] que je sens que cet écrit ne soit vu, je suis résolue de poursuivre, quoi qu'il m'en coûte, pour accomplir la volonté de mon souverain Maître.

La plus rude de mes croix était de ne pouvoir adoucir celles de ma mère, qui m'étaient cent fois plus dures à supporter que les miennes, quoique je ne lui donnais pas la consolation de m'en dire un mot, crainte que nous n'offensassions Dieu en prenant plaisir à parler de nos peines. Mais c'était dans ses maladies où ma souffrance était extrême; car, étant tout abandonnée à mes petits soins et services, elle souffrait beaucoup; d'autant que tout se trouvait quelquefois fermé à clef, il me fallait aller mendier jusqu'aux œufs et autres choses nécessaires aux malades. Ce n'était pas un petit tourment à mon nature timide, encore chez des villageois qui m'en disaient souvent plus que je n'aurais voulu. Et dans un mortel hérésipèle qu'elle eut à la tête, d'une grosseur, rougeur et dureté épouvantables, où l'on se contenta de lui faire faire une saignée par un petit chirurgien de village qui passait, lequel me dit qu'à moins que d'un miracle elle n'en pouvait revenir ; sans que personne s'en affligeât, ni [se] mît en peine que moi, qui ne savais où recourir, ni à qui m'adresser, sinon à mon asile ordinaire, la très Sainte Vierge et mon souverain Maître.

[Dans] les angoisses où j'étais continuellement plongée, ne recevant parmi tout cela que des moqueries, injures et accusations, je ne savais où me refugier. Etant donc allée à la messe le jour de la Circoncision [de] Notre-Seigneur, pour lui demander d'être lui-même le médecin et le remède de ma pauvre mère, et de m'enseigner ce que je devais faire, il [le] fit avec tant de miséricorde, qu'étant de retour, je trouvai sa joue crevée, avec une plaie large d'environ la paume de la main, qui jetait une puanteur insupportable et personne n'en voulait approcher. Je ne savais point panser les plaies et même ne les pouvais voir, ni toucher auparavant celle-ci, pour laquelle je n'avais autre onguent, que ceux de la divine Providence; j'y coupai tous les jours beaucoup de chair pourrie. Je me sentais tant de courage et de confiance en la bonté de mon Souverain qui semblait être toujours présent, qu'enfin elle fut guérie dans peu de jours, contre toute apparence humaine.

Et pendant tout le temps de ses maladies, je ne me couchais et ne dormais presque point; et ne prenais presque point de nourriture passant souvent des nuits sans manger. Mais mon divin [Maître] me consolait et substantait d'une parfaite conformité à sa très sainte volonté, ne me prenant qu'à lui de tout ce qui m'arrivait, lui disant : « O mon souverain » Maître ! si vous ne le vouliez, cela n'arrive» rait pas ; mais je [vous] rends grâces de » quoi vous le permettez pour me rendre » conforme à vous.»

Parmi tout cela, je me sentais si fortement attirée à l'oraison, que cela me faisait beaucoup souffrir de ne savoir, ni pouvoir apprendre comme il la fallait faire, n'ayant aucune conversation des personnes spirituelles ; et je n'en savais autre chose que ce mot d'oraison, qui ravissait mon cœur. Et m'étant adressée à mon Souverain Maître, il m'apprit comme il voulait que je la fisse ; ce qui m'a servi toute ma vie. Il me faisait prosterner humblement devant lui, pour lui demander pardon de tout [ce] en quoi je l'avais offensé, et puis après l'avoir adoré, je lui offrais mon oraison, sans savoir comme il m'y fallait prendre. Ensuite il se présentait lui-même à moi dans le mystère où il voulait que je le considérasse ; et il appliquait si fort mon esprit en tenant mon âme et toutes mes puissances englouties dans lui-même, que je ne sentais point de distractions, mais mon cœur se sentait consommé du désir de l'aimer, et cela me donnait un désir insatiable de la sainte communion et de souffrir. Mais je ne savais comme faire. Je n'avais pas de temps que celui de la nuit ; j'en prenais ce que je pouvais et quoique cette occupation me fût plus délicieuse que je ne le peux exprimer, je ne la prenais pas pour une oraison, et me sentais continuellement persécutée de la faire ; lui promettant qu'aussitôt qu'il me l'aurait apprise, j'y emploierais tout le temps que je pourrais. Néanmoins, sa bonté me tenait si fort dans l'occupation que je viens de dire, qu'elle me dégoûta des prières vocales ; lesquelles je ne pouvais faire devant le Saint Sacrement, où je me sentais tellement tout appliquée, que jamais je ne m'y ennuyais. Et j'y aurais passé des jours et des nuits entières, sans boire ni manger, sans savoir ce que je faisais, sinon de me consommer en sa présence comme un cierge ardent, pour lui rendre amour pour amour. Et je ne pouvais demeurer au bas de l'église, et quelque confusion que j'en sentisse dans moi-même, je ne laissais pas de me mettre tout le plus proche que je pouvais du Très-Saint Sacrement. Je n'estimais heureuses et ne portais envie qu'à celles qui pouvaient communier souvent, et qui avaient la liberté de pouvoir demeurer devant le Très-Saint Sacrement, bien qu'il soit vrai que j'y employais très mal mon temps, et que je crois que je ne faisais que le déshonorer. Je tâchais de gagner l'amitié des personnes dont j'ai parlé ci-dessus, afin d'obtenir quelques moments pour le Saint Sacrement. Il arrivait en punition de mes péchés, [que] je ne pouvais point dormir les veilles de Noël, et le curé de [la] paroisse criant tout haut à son prône que ceux qui n'auraient pas dormi ne devaient point communier qu'ils ne l'eussent fait, et moi ne le pouvant, je n'osais pas communier. Ainsi ce jour de réjouissance m'en était un de larmes, lesquelles me servaient de nourriture et de tout plaisir. Mais aussi avais-je commis de grands crimes! Car une fois dans un temps de carnaval, étant avec d'autres filles, je me déguisai par vaine complaisance, ce qui m'a été un sujet de douleur et de larmes pendant toute ma vie ; aussi bien que la faute que je commettais, en prenant des ajustements de vanité, par ce même motif de vaine complaisance aux personnes citées ci-dessus, lesquelles Dieu a fait servir d'instruments à sa divine justice, pour se venger des injures que je lui ai faites par mes péchés ; bien que ce fussent [des] personnes vertueuses, lesquelles ne pensaient point faire de mal en tout ce qui s'est passé à notre égard ; et je croyais de même qu'elles n'en faisaient point, puisque c'était mon Dieu qui le voulait ainsi, et je ne leur en savais point mauvais gré.

Mais, hélas ! mon Seigneur, ayez pitié de ma faiblesse, dans l'extrême douleur et confusion que vous imprimez si vivement en moi, en écrivant ceci, de vous avoir si longtemps résisté à le faire. Soutenez-moi, mon Dieu, afin que je ne succombe sous la rigueur de ces justes reproches. Non, je proteste, moyennant votre grâce, de ne jamais résister quand il devrait m'en coûter la vie et m'attirer tous les mépris des créatures et armer contre moi toutes les fureurs de l'enfer pour vous venger de mes résistances, dont je vous demande pardon et la force d'achever ce [que] vous désirez de moi, quelque répugnance que mon amour-propre m'y fasse sentir.

II

COMBATS ET TRIOMPHES POUR ENTRER EN RELIGION.

Pour donc poursuivre, à mesure que je croissais, mes croix s'augmentaient. Le diable suscitait plusieurs bons partis pour le monde, à me rechercher, pour me faire manquer au vœu que j'avais fait. Cela attirait beaucoup de compagnie, qu'il me fallait voir, ce qui ne m'était pas un petit supplice. Car d'un côté, mes parents et surtout ma mère, me pressait pour cela, pleurant sans cesse en me disant qu'elle n'avait plus d'espérance qu'en moi pour sortir de sa misère, par la consolation qu'elle aurait de se retirer avec moi sitôt que je serais logée dans le monde. Et d'autre part, Dieu poursuivait si vivement mon cœur, qu'il ne me donnait point de trêve; car j'avais toujours mon vœu devant les yeux, auquel si je venais à manquer, je serais punie de tourments effroyables. Le démon se servait de la tendresse et amitié que j'avais pour ma mère, me représentant sans cesse les larmes qu'elle versait, et que, si je venais à me faire religieuse, je serais cause qu'elle mourrait d'affliction, et que j'en répondrais à Dieu, car elle était toute abandonnée à mes soins et services. Ceci me causait un tourment insupportable; car je l'aimais si tendrement, et elle, moi, que nous ne pouvions vivre sans nous voir. D'autre part, le désir d'être religieuse me persécutait sans cesse, et l'horreur que j'avais de l'impureté. Tout cela me faisait souffrir un martyre, je n'avais point de repos et je me fondais en larmes. N'ayant personne à qui me découvrir, je ne savais quel parti prendre. Enfin la tendre amitié de ma bonne mère commença à prendre le dessus, pensant que n'étant qu'une enfant quand je fis ce vœu, l'on m'en pourrait bien dispenser, ne comprenant pas, en le faisant, ce que c'était. De plus, je craignais fort d'engager ma liberté, me disant que je ne pourrais plus faire de jeûnes, d'aumônes et de disciplines comme je voudrais ; que la vie religieuse demandait une si grande sainteté de ceux qui s'y engageaient, qu'il me serait impossible d'y atteindre jamais, et que je m'y damnerais.

[Je] commençai donc à voir le monde et à me parer pour lui plaire, cherchant à me divertir le plus que je pouvais. Mais vous, mon Dieu, seul témoin de la grandeur et longueur de cet effroyable combat que je souffrais au dedans de moi-même, et auquel j'aurais mille et mille fois succombé sans un soutien extraordinaire de votre miséricordieuse bonté, qui avait bien d'autres desseins que ceux que je projetais dans mon cœur, vous [me] fites bien connaître en ce rencontre, aussi bien qu'en plusieurs autres, qu'il lui serait bien dur et difficile de regimber contre le puissant aiguillon de votre amour, quoique ma malice et mon infidélité me fît employer toutes mes forces et industries pour lui résister et éteindre en moi tous ses mouvements. Mais en vain ; car au milieu des compagnies et divertissements, il me lançait des flèches si ardentes, qu'elles perçaient et consommaient mon cœur de toutes parts ; et la douleur que je sentais me rendait toute interdite. Et cela n'étant pas encore assez, pour un cœur aussi ingrat que le mien, pour lui faire quitter prise, je me sentais comme liée et tirée à force de cordes, si fortement, qu'enfin j'étais contrainte de suivre celui qui m'appelait en quelque lieu secret, et il me faisait de sévères réprimandes ; car il était jaloux de mon misérable cœur, qui souffrait des persécutions épouvantables. Et après lui avoir demandé pardon, la face prosternée contre terre, il me faisait prendre une rude et longue discipline; et puis, je retournais tout comme devant, dans mes résistances et vanités. Et puis le soir, quand je quittais ces maudites livrées de Satan, je veux dire ces vains ajustements, instruments de sa malice, mon souverain Maître se présentait à moi, comme il était en sa flagellation, tout défiguré, me faisant des reproches étranges : que c'était ma vanité qui l'avait réduit en cet état, et que je perdais un temps si précieux et dont il me demanderait un compte rigoureux à l'heure de la mort, que je le trahissais et persécutais, après qu'il m'avait donné tant de preuves de son amour, et du désir qu'il avait que je me rendisse conforme à lui. Tout cela s'imprimait si fortement en moi et faisait de si douloureuses plaies dans mon cœur, que je pleurais amèrement, et il me serait bien difficile d'exprimer tout ce que je souffrais et ce qui se passait en moi.

Ne sachant ce que c'était que la vie spirituelle, pour n'en avoir été instruite, ni ouï parler, [je] n'en savais que ce que mon Maître m'enseignait et me faisait faire avec son amoureuse violence. Pour me venger, en quelque façon, sur moi des injures que je lui faisais, et reprendre cette ressemblance et conformité avec lui, en soulageant la douleur qui me pressait, je liais ce misérable corps criminel de cordes avec des nœuds et le serrais si fort, qu'à peine pouvait-il respirer et manger. [Je] laissais si longtemps ces cordes, qu'elles étaient comme tout enfoncées dans la chair, laquelle venant à croître dessus, je ne pouvais les arracher qu'avec de grandes violences et cruelles douleurs ; et de même [quant] aux petites chaînettes dont je me serrais les bras, lesquelles emportaient la pièce en sortant. Et puis je couchais sur un ais ou sur des bâtons avec des nœuds pointus, dont je faisais mon lit de repos ; et puis je prenais la discipline, tâchant de chercher quelque remède à mes combats et douleurs que je souffrais au-dedans de moi-même, au regard desquelles tout ce que je pouvais souffrir au dehors (bien que toutes les humiliations et contradictions dont j'ai parlé ci-devant, fussent toujours continuelles et s'augmentassent plutôt que de diminuer), tout cela, dis-je, ne me semblait qu'un rafraîchissement auprès de mes peines intérieures, lesquelles je me faisais tant de violence pour les porter en silence et les tenir cachées, comme mon bon Maître me l'enseignait, qu'il n'en paraissait rien au dehors, sinon que l'on me voyait pâlir et dessécher.

Les craintes où j'étais d'offenser mon Dieu me tourmentaient encore plus que tout le reste, car il me semblait mes péchés être continuels ; et [ils] me paraissaient si grands, que je m'étonnais comme l'enfer ne s'ouvrait pas sous mes pieds pour ensevelir une si misérable pécheresse. J'aurais voulu me confesser tous les jours et cependant je ne [le] pouvais que rarement. J'estimais comme saints ceux qui demeuraient beaucoup en confession, pensant qu'ils n'étaient pas comme moi qui ne savais pas m'accuser de mes fautes. Cela me faisait verser beaucoup de larmes.

Ayant passé plusieurs années parmi toutes ces peines et combats et beaucoup d'autres souffrances, sans autre consolation que mon Seigneur Jésus-Christ, qui s'était rendu mon maître et mon gouverneur, le désir de la vie religieuse se ranima si ardemment dans mon cœur, que je me résolus de l'être à quelque prix que ce fût. Mais, hélas ! cela ne se put encore accomplir de plus de quatre ou cinq ans après, pendant lequel temps mes peines et combats redoublèrent de toutes parts, et je tâchais de redoubler mes pénitences, selon que mon divin Maître me le permettait.

Car il changea bien de conduite, me faisant voir la beauté des vertus, surtout des trois vœux de pauvreté, chasteté et obéissance, me disant qu'en les pratiquant l'on devient saint, et il me disait cela, parce qu'en le priant je lui demandais de me faire sainte. Et comme je ne lisais guère d'autres livres que la *Vie des Saints,* je me disais en l'ouvrant : il m'en faut choisir une bien aisée à imiter, afin que je puisse faire comme elle a fait, pour devenir sainte comme elle; mais ce qui me désolait, c'était de voir que j'offensais tant mon Dieu, et je pensais que les saints ne l'avaient pas offensé comme moi, ou que, du moins, si quelques [-uns] l'avaient fait, ils avaient ensuite toujours été dans la pénitence ; ce qui me donnait de grandes envies d'en faire ; mais mon divin Maître imprimait en moi une si grande crainte de suivre ma propre volonté, que je pensais dès lors, que, quoique je puisse faire, il ne l'agréerait que lorsque je le ferais par amour et par obéissance. Cela me mit dans de grands désirs de l'aimer et de faire toutes mes actions par obéissance. Je ne savais comme il fallait pratiquer ni l'un ni l'autre ; et je pensais que c'était un crime de dire que j'aimais [Dieu], parce que je voyais mes œuvres démentir mes paroles. Je lui [demandais] de m'apprendre, et de me faire faire ce qu'il voulait que je fisse pour lui plaire et l'aimer, ce qu'il fit en cette manière :

Il me donna un si tendre amour pour les pauvres que j'aurais souhaité n'avoir plus d'autres conversations [que la leur] ; et il imprimait en moi une si tendre compassion de leurs misères, que, s'il avait été en mon pouvoir, je ne me serais rien laissé ; et lorsque j'avais de l'argent, je le donnais à de petits pauvres pour les engager de venir vers moi, pour apprendre leur catéchisme et à prier Dieu. Et cela faisait qu'ils me suivaient ; et quelquefois il y en avait tant, que je ne savais où les mettre l'hiver, sinon dans une grande chambre d'où l'on nous chassait quelquefois. Cela me causait beaucoup de mortifications, car je ne voulais pas que l'on [vît rien de ce que je faisais ; et l'on pensait que je donnais aux pauvres tout ce que je pouvais attraper, mais je ne l'aurais pas osé faire, crainte de dérober, et je ne donnais plus que ce qui était à moi ; encore ne l'osais-je plus faire sans obéissance, ce qui m'obligeait de caresser ma mère, afin qu'elle me permît de donner ce que j'avais ; et comme elle m'aimait beaucoup, elle m'accordait assez facilement. Lorsqu'elle me refusait, je demeurais en paix, et après un [peu] de temps, je retournais l'importuner ; car je ne pouvais plus rien faire sans permission, et non-seulement de ma mère, mais je m'assujettissais à ceux avec lesquels je demeurais, ce qui m'était un continuel supplice. Mais je pensais qu'il me fallait soumettre à tous ceux à qui j'avais plus de répugnance, et leur obéir, pour essayer si je pouvais être religieuse. Toutes ces permissions que j'allais continuellement demander m'attiraient de grands rebuts et captivité, car cela donna une si grande autorité sur moi, qu'il ne pouvait y avoir de religieuse plus captive ; mais l'ardent désir que je sentais d'aimer Dieu, me faisait surmonter toutes les difficultés, et me rendait attentive à faire tout ce qui contrariait le plus mes inclinations et à quoi je sentais le plus de répugnance et je m'en sentais tellement pressée que je m'en confessais lorsque j'avais manqué de suivre ces mouvements.

Je me sentais une extrême répugnance de voir des plaies, mais il fallut d'abord me mettre à les panser et baiser pour me vaincre, et je ne savais comme il m'y fallait prendre. Mais mon divin Maître savait si bien suppléer à toutes mes ignorances, qu'elles se trouvaient guéries en peu de temps, sans autre onguent que ceux de sa Providence, encore que ces plaies fussent très dangereuses; mais j'avais plus de confiance en sa bonté qu'aux remèdes extérieurs.

J'étais naturellement portée à l'amour des plaisirs et divertissements. Je n'en pouvais plus goûter aucun, encore que souvent je faisais ce que je pouvais pour en chercher; mais cette douloureuse figure qui se présentait à moi, comme de mon Sauveur qui venait d'être flagellé, m'empêchait bien d'en prendre; car il me faisait ce reproche qui me perçait jusqu'au cœur : «Voudrais-tu bien prendre ce
» plaisir? Et moi qui n'en ai jamais pris au-
» cun et me suis livré à toutes sortes d'amer-
» tumes, pour ton amour et pour gagner
» ton cœur! Et cependant tu voudrais encore

» me le disputer! » Tout cela faisait de grandes impressions en mon âme, mais j'avoue de bonne foi que je ne comprenais rien à tout cela, tant j'avais l'esprit grossier et peu spirituel, et que je ne faisais aucun bien que parce qu'il m'y pressait si fort, que je n'y pouvais résister; ce qui m'est un grand sujet de confusion dans tout ce que j'écris ici, où je voudrais pouvoir faire connaître combien je suis digne du plus rigoureux châtiment éternel, par mes continuelles résistances à Dieu et oppositions à ses grâces, et faire voir aussi la grandeur de ses miséricordes : car il semblait qu'il avait entrepris de me poursuivre et d'opposer continuellement sa bonté à ma malice, et son amour à mes ingratitudes, qui ont fait toute ma vie le sujet de ma plus vive douleur; de quoi je ne savais pas reconnaître mon souverain libérateur, qui avait pris un soin si amoureux de moi, dès le berceau, et me l'a toujours continué.

Et comme une fois j'étais dans un abîme d'étonnement de ce que tant de défauts et d'infidélités que je voyais en moi n'étaient pas capables de le rebuter, il me fit cette réponse:

« C'est que j'ai envie de te faire comme un » composé de mon amour et de mes miséricordes. »

Et une autre fois il me dit : « Je t'ai choisie pour mon épouse et nous nous sommes
» promis la fidélité, lorsque tu m'as fait
» vœu de chasteté. C'est moi qui te pressais de le faire, avant que le monde eût aucune part dans ton cœur; car je le voulais
» tout pur et sans être souillé des affections
» terrestres, et pour me le conserver comme
» cela, j'ôtais toute la malice de ta volonté,
» afin qu'elle ne le pût corrompre. Et puis je
» te mis en dépôt aux soins de ma sainte Mère
» afin qu'elle te façonnât suivant mes desseins. » Aussi m'a-t-elle servi d'une bonne mère et ne m'a jamais refusé son secours. J'y avais tout mon recours, dans mes peines et besoins, et avec tant de confiance qu'il me semblait n'avoir rien à craindre sous sa protection maternelle. Aussi je lui [fis] vœu en ce temps là de jeûner tous les samedis et de lui dire l'office de son Immaculée Conception quand je saurais lire, et [de faire] sept génuflexions tous les jours de ma vie, avec sept *Ave Maria*, pour honorer ses sept douleurs et me mis pour être toujours son esclave, lui demandant de ne pas me refuser cette qualité. Comme une enfant, je lui parlais simplement, tout comme à ma bonne Mère, pour laquelle je me sentais dès lors un amour vraiment

tendre. Mais elle me reprit sévèrement, lorsqu'elle me vit derechef prête à succomber au terrible combat que je sentais dans moi. Car, ne pouvant plus résister aux persécutions que mes parents me faisaient et [aux] larmes d'une mère que je chérissais si tendrement, me disant qu'[une] fille doit prendre parti à vingt ans, je commençai à donner dans [ces] sentiments.

Car Satan me disait continuellement : « Pauvre misérable, que penses-tu en voulant être religieuse? Tu vas te rendre la risée de tout le monde, car jamais tu n'y persévéreras; et quelle confusion de quitter un habit de religieuse et sortir d'un couvent! Où pourras-tu te cacher après cela? » Je me fondais en larmes parmi tout cela, car j'avais une horreur pour les hommes, épouvantable, et ne [savais] plus à quoi me résoudre; mais mon divin [Maître], qui tenait toujours mon vœu devant ses yeux, eut enfin pitié de moi.

Et une fois, après la communion, si je ne me trompe, il me fit voir qu'il était le plus beau, le plus riche, le plus puissant, le plus parfait et accompli de tous les amants; et que, lui étant promise depuis tant d'années, d'où venait donc que je voulais tout rompre avec

[lui] pour en prendre un autre : « Oh! Ap-
» prends que si tu me fais ce mépris, je
» t'abandonne pour jamais; mais si tu m'es
» fidèle, je ne te quitterai point et me rendrai
» ta victoire contre tous tes ennemis. J'ex-
» cuse ton ignorance, parce que tu ne me
» connais pas encore; mais si tu m'es fidèle
» et me suis, je t'apprendrai à me connaître et
» me manifesterai à toi. » En me disant cela, il imprimait un si grand calme dans mon intérieur, et mon âme se trouva dans une si grande paix, que je me déterminai dès lors de mourir plutôt que de changer. Il me semblait alors que mes liens étaient rompus, et que je [n'avais] plus rien à craindre, pensant que quand la vie religieuse serait un [purgatoire] il me serait plus doux de m'y purifier le reste de ma vie, que de me voir précipitée dans l'enfer que j'avais tant de fois mérité par mes grands péchés et résistances.

M'étant donc déterminée pour la vie religieuse, ce divin Epoux de mon âme, crainte que je ne lui échappasse encore, me demanda de consentir qu'il s'emparât et se rendit le maître de ma liberté, parce que j'étais faible. Je ne fis point de difficultés à son consentement, et dès lors il s'empara si fortement de ma liberté que je n'en ai plus [eu] de jouissance dans tout le reste de ma vie; et il s'insinua si avant dans mon cœur, dès ce moment, que je renouvelai mon vœu, commençant à le comprendre. Je lui [dis] que, quand il devrait m'en coûter mille vies, je ne serais jamais autre que religieuse; et je m'en déclarai hautement, priant de congédier tous ces partis, quelque avantageux qu'on me les représentât. Ma mère, voyant cela, ne pleurait plus en ma présence, mais elle le faisait continuellement avec tous ceux qui lui en parlaient, qui ne manquaient pas de me venir dire que je serais la cause de sa mort si je la quittais, et que j'en répondrais à Dieu, car elle n'avait personne pour la servir; et que je serais aussi bien religieuse après sa mort que pendant sa vie. Et un frère qui m'aimait beaucoup, fit tous ses efforts pour me détourner de mon dessein, m'offrant de son bien pour me loger dans le monde. Mais à tout cela mon [cœur] était devenu insensible comme un rocher, quoiqu'il me fallût encore rester trois ans dans le monde, parmi tous ces combats.

Et l'on me mit chez un de mes oncles qui avait un fille religieuse, laquelle sachant que je la voulais être, n'oublia rien pour m'avoir avec elle, et ne me sentant point de penchant à la vie des Ursules, je lu disais : « Voyez, que si j'entre en votre couvent, ce » ne sera que pour l'amour de vous, et je » veux aller dans un lieu où je n'aurai ni pa- » rents ni connaissances, afin d'être religieuse » pour l'amour de Dieu. » Mais comme je ne savais où ce serait, ni quelle religion je devais embrasser, ne les connaissant pas, je pensai encore succomber à ses importunités; d'autant que j'aimais beaucoup cette cousine, laquelle se servait de l'autorité de mon oncle auquel je n'osais résister, parce qu'il était mon tuteur et qu'il me disait qu'il m'aimait comme un de ses enfants, que c'était pour quoi il me voulait avoir proche de lui; et il ne voulut jamais permettre à mon frère de me remmener, disant qu'il entendait être le maître de moi. Et mon frère qui n'avait point encore voulu consentir que je fusse religieuse, fut fort fâché contre moi, pensant que j'étais consentante de tout cela, pour me jeter à Sainte-Ursule malgré lui, et sans le consentement de mes parents. Mais j'en étais bien éloignée; d'autant que, plus l'on m'en pressait, jusqu'à me vouloir faire entrer, plus je me sentais de dégoût. Une secrète voix me disait :« Je ne te veux point là, mais à Sainte-Marie. »

Cependant on ne me permettait pas de voir la [Visitation], bien que j'y eusse plusieurs parents, et l'on m'en disait des choses capables d'en rebuter les esprits les mieux déterminés; mais plus l'on tâchait de m'en détourner, et plus je l'aimais et sentais accroître mon désir d'y entrer, à cause de ce nom tout aimable de sainte-Marie, lequel me faisait comprendre que c'était là ce que je cherchais. Et une fois regardant un tableau du grand saint François de Sales, il sembla me jeter un regard si paternellement amoureux, en m'appelant sa fille, que je ne le regardais plus que comme mon bon père. Mais je n'osais rien dire de tout cela, et ne savais comme me dégager de ma cousine et de toute sa Communauté, laquelle me témoignait tant d'amitié, que je ne m'en pouvais plus défendre.

Et comme on était prêt de m'ouvrir la porte, je reçus la nouvelle que mon frère était fort mal et ma mère à l'extrémité. Ce qui m'obligea de partir tout à la même heure, pour me rendre près d'elle, sans que l'on pût m'en empêcher, quoique je fusse malade plus de regret que d'autre chose, de me voir comme forcée d'entrer dans un couvent où je croyais que Dieu ne m'appelait pas. Je m'en allai toute la nuit, bien qu'il y eût près de dix lieues, et voilà comme je fus délivrée, pour reprendre une très-rude croix, laquelle je ne spécifierai pas, en ayant dit assez sur ce sujet; suffit de dire que toutes mes peines redoublèrent. L'on me faisait voir que ma mère ne pouvait vivre sans moi, puisque le peu de temps que je l'avais quittée était la cause [de] son mal, et que je répondrais à Dieu de sa mort; et cela m'étant dit par des personnes ecclésiastiques, me causait de rudes peines, par la tendre amitié que j'avais pour elle, dont le démon se servait pour me faire croire que cela serait cause de ma damnation éternelle.

D'autre part, mon divin Maître me pressait si fort de tout quitter pour le suivre, qu'il ne me donnait plus de repos; et il me donnait un si grand désir de me conformer à sa vie souffrante, que tout ce que je souffrais ne me semblait rien, ce qui me faisait redoubler mes pénitences Et quelquefois, me jetant aux pieds de mon crucifix, je lui disais : « O mon » cher Sauveur, que je serais heureuse si » vous imprimiez en moi votre image souf» frante ! » Et il me répondit : « C'est ce que » je prétends, pourvu que tu ne me résistes » pas, et que tu y contribues de ton côté. »

Et pour lui donner quelques gouttes de mon sang, je me liais les doigts, et puis j'y plantais des aiguilles; et puis je prenais la discipline tous les jours, tant que je pouvais, en carême pour honorer les coups de fouets de sa flagellation. Mais quelque longtemps que je me la donnasse, je n'en pouvais guère avoir de sang pour l'offrir à mon bon maître, pour celui qu'il avait répandu pour mon amour. Et comme c'était sur les épaules que je me la donnais, il me fallait bien du temps. Mais les trois jours du carnaval, j'aurais voulu [me] mettre en pièces, pour réparer les outrages que les pécheurs faisaient subir à sa divine Majesté, je les jeûnais, tant que je pouvais, au pain et à l'eau, donnant aux pauvres ce que l'on me donnait pour ma nourriture.

Mais ma plus grande joie de quitter le monde, était de penser que je communierais souvent. Car on ne me le voulait permettre que rarement, et j'aurais cru être la plus heureuse du monde si je l'avais pu faire souvent, et passer des nuits, seule, devant le Saint Sacrement. Je me sentais là une telle assurance, qu'encore que je fusse extrêmement peureuse, je n'y pensais plus dès que j'étais en ce lieu de délices. Les veilles de communion, je me sentais abîmée dans un si profond silence, que je ne pouvais parler qu'avec violence, pour la grandeur de l'action que je devais faire; et lorsque je l'avais faite, je n'aurais voulu ni boire, ni manger, ni voir, ni parler, tant la consolation et la paix que je sentais étaient grandes. Je me cachais autant que je pouvais pour apprendre à aimer mon souverain Bien qui me pressait si fort de lui rendre amour pour amour. Mais je ne croyais pas de jamais pouvoir l'aimer, quoique je pusse faire, si je n'apprenais à faire l'oraison; je n'en savais que ce qu'il m'en avait appris, qui était de m'abandonner à tous ses saints mouvements, lorsque je pouvais me renfermer en quelque petit coin avec lui; mais l'on ne m'en laissait pas assez de loisir. Car il me fallait travailler, tant que ie jour durait, avec les domestiques, et puis le soir il se trouvait que je n'avais rien fait qui eût contenté les personnes avec qui j'étais. L'on me criait de telle manière, que je n'avais pas le courage de manger; et je me retirais où je pouvais, pour avoir quelques moments de paix, de laquelle j'avais un si grand désir.

Mais comme je me plaignais sans cesse à mon divin Maître de ce que je craignais de ne lui pouvoir plaire en tout ce que je faisais, —

d'autant qu'il y avait trop de ma volonté qui [faisait] les mortifications à mon gré, et je n'estimais que ce qui était fait par obéissance : — « Hélas ! mon Seigneur, lui disais-» je, donnez-moi donc quelqu'un pour me » conduire à vous. » — « Ne te suffis-je pas ? » me répondit-il ; que crains-tu ? Un enfant » autant aimé que je t'aime peut-il périr » entre les bras d'un Père tout Puissant ? » Je ne savais pas ce que c'était que direction ; mais j'avais un grand désir d'obéir, et sa bonté permit que, dans le temps d'un Jubilé, il vint au logis un religieux de saint François, et il y coucha pour nous donner loisir de faire nos confessions générales. Il [y] avait plus d'environ quinze jours que j'étais après écrire la mienne ; car encore que j'en fisse toutes les fois que j'en trouvais l'occasion, il me semblait toujours que je n'en pouvais assez faire, à cause de mes grands péchés. Je me sentais pénétrée d'une si vive douleur, que non-seulement j'en versais beaucoup de larmes, mais j'aurais de toute mon âme, dans l'excès de ma douleur, voulu les publier à tout le monde. Et mes plus grands gémissements venaient de ce que j'étais si aveugle que je ne les pouvais connaître, ni exprimer aussi énormes qu'ils étaient. Cela était la cause que j'écrivais tout ce que je pouvais trouver dans les livres qui traitent de la confession; et je mettais quelquefois des choses que j'avais horreur même de prononcer. Mais je disais en moi-même : « Je les [ai] peut-être faites, et je ne le connais pas, « ni ne m'en souviens pas; mais il est bien « juste que j'aie la confusion de le dire, pour « satisfaire à la divine justice. » Bien est-il vrai que si j'avais cru d'avoir eu fait la plupart des choses dont je m'accusais, j'aurais été inconsolable. Je l'aurais été depuis, de ces sortes de confessions, si mon souverain Maître ne m'avait assurée qu'il pardonnait tout à une volonté sans malice. Je fis donc celle-ci, où ce bon Père me fit passer plusieurs feuillets, sans me vouloir permettre de les lire. Je le priai de me laisser satisfaire ma conscience, puisque j'étais une plus grande pécheresse qu'il ne pensait.

Cette confession me mit fort en paix. Je lui dis quelque [chose] de la manière dont je vivais, sur quoi il me donna plusieurs bons avis. Mais je n'osais pas tout dire, car je croyais que c'était une vanité, de laquelle j'avais de grandes craintes, parce que mon naturel y était fort porté, et que je pensais que ce que je faisais était tout par ce motif, ne sachant pas discerner le sentiment d'avec le consentement. Cela me faisait beaucoup souffrir, car je craignais beaucoup le péché à cause qu'il éloignait Dieu de mon âme. Ce bon Père me promit des instruments de pénitence Je lui dis comme mon frère me retenait toujours dans le monde, depuis quatre ou cinq ans que je pousuivais pour être religieuse; de quoi il lui donna un si grand scrupule qu'après il me demanda si j'avais toujours le dessein de l'être; et lui ayant répondu que plutôt mourir que de changer, il me promit de me satisfaire là-dessus. Il alla donc pour faire le marché de ma dot proche de cette bonne cousine qui ne cessait de me poursuivre. Et ma mère et mes autres parents voulaient que je fusse religieuse en ce couvent. Je ne savais donc plus comme m'en défendre, mais pendant qu'il y alla, je m'adressai à la très-Sainte Vierge, ma bonne maîtresse, par l'entremise de Saint Hyacinthe, auquel je fis plusieurs prières. [Je fis] dire [aussi] beaucoup de messes à l'honneur de ma Sainte Mère, laquelle me dit amoureusement en me consolant : « Ne crains rien, tu seras ma vraie fille, et je serai toujours ta bonne Mère. » Ces paroles me calmèrent si fort, qu'elles me laissèrent sans aucun doute que cela s'accomplirait malgré les oppositions. Mon frère étant de retour, me dit : « On veut quatre mille » livres, c'est à vous de faire ce qu'il vous » plaira de votre bien, car la chose n'est pas » encore arrêtée. » En même temps, je lui dis résolument : « Jamais elle ne se conclura. Je » veux aller aux Saintes-Maries dans un cou- » vent bien éloigné, où je n'aurai ni parent, » ni connaisance, car je ne veux être reli- » gieuse que pour l'amour de Dieu. Je veux » quitter le monde tout à fait, en me cachant » dans quelque petit coin, pour l'oublier et en » être oubliée, et ne plus le voir. »

On me proposa plusieurs monastères auxquels je ne pouvais me résoudre; mais aussitôt qu'on me nomma Paray, mon cœur se dilata de joie, et j'y consentis d'abord. Mais il me fallut encore aller voir ces religieuses où j'avais demeuré à l'âge de huit ans, ce qui me fut encore un rude combat à soutenir. Car elles me firent entrer, en me disant que j'étais leur enfant, et pourquoi je les voudrais quitter, puisqu'elles m'aimaient si tendrement; qu'elles ne pouvaient me voir entrer à Sainte-Marie, sachant bien que je n'y persévérerais pas. Je dis que je voulais essayer. Elles me firent promettre de retourner chez elles lorsque j'en sortirais ; car elles savaient bien, disaient-elles, que je ne m'y pourrais jamais accoutumer. Et quoiqu'elles m'en purent dire, mon cœur était insensible, et s'affermissait tant plus en sa résolution, disant toujours : « Il faut mourir, ou vaincre! » Mais je laisse tous les autres combats que j'eus à soutenir, pour venir vitement au lieu de mon bonheur, le cher Paray.

III

PARAY ET LA NOVICE.

D'abord que j'entrai au parloir, il me fut dit intérieurement ces paroles : « C'est ici que je te veux. » Ensuite de quoi je dis à mon frère qu'il fallait s'accorder, d'autant que je ne serais jamais ailleurs. Ce qui le surprit d'autant plus, qu'il ne m'y avait menée que pour me faire voir des religieuses de Sainte-Marie, sans faire semblant que je la voulusse [être]; car je lui avais promis tout cela ; mais je ne m'en voulus point retourner que tout ne fût arrêté. Après quoi, il me semblait que j'avais pris une nouvelle vie, tant je me sentais de contentement et de paix. Ce qui me rendait si gaie, que ceux qui ne savaient pas

ce qui se passait, disaient: « Voyez-là, qu'elle a bien les façons d'une religieuse ! » Et, en effet, je portais plus d'ajustements de vanité que jamais je n'avais fait, et me divertissais de même, pour la grande joie que je sentais, de me voir bien toute à mon souverain Bien : lequel, en écrivant ceci, me fait souvent [un] amoureux reproche par ces paroles : « Re-
» garde, ma fille, si tu pourras trouver un
» père blessé d'amour pour son fils unique,
» qui ait jamais tant pris soin de lui, et qui
» lui pût donner des témoignages d'amour si
» tendres comme sont ceux que je t'ai don-
» nés et te veux donner du mien, lequel a eu
« tant de patience et de peine à te cultiver et
» ajuster à ma mode dès ta plus tendre jeu-
» nesse, t'attendant doucement sans me rebu-
» ter, parmi toutes tes résistances. Souviens-
» toi donc que si jamais tu t'oubliais de la
» reconnaissance envers moi, [ne] me réfé-
» rant [pas] la gloire de tout, ce serait le
» moyen de faire tarir pour toi cette source
» inépuisable de tout bien. »

Enfin ce jour tant désiré étant venu pour dire adieu au monde, jamais je ne sentis tant de joie ni de fermeté dans mon cœur, qui était comme insensible, tant à l'amitié comme à la douleur que l'on me témoignait, surtout ma mère ; et je ne versai pas une larme en les quittant. Car il me semblait être comme une esclave qui se voit délivrée de sa prison et de ses chaînes, pour entrer dans la maison de son Époux, pour en prendre possession, et jouir en toute liberté de sa présence, de ses biens et de son amour. C'était ce qu'il disait à mon cœur, qui en était tout hors de lui-même. Et je ne savais rendre autre raison de ma vocation pour Sainte Marie, sinon que je voulais être fille de la Sainte-Vierge. Mais j'avoue que dans le moment qu'il fallut entrer, qui était un samedi, toutes les peines que j'avais eues, et plusieurs autres me vinrent assaillir si violemment, qu'il me semblait que mon esprit allait se séparer de mon corps en entrant. Mais aussitôt il me [fut montré que le Seigneur avait rompu mon sac de captivité, et qu'il [me] revêtit de son manteau de liesse ; et la joie me transportait tellement que je criais : « C'est ici où Dieu me veut. » Je sentis d'abord gravé dans mon esprit que cette maison de Dieu était un lieu saint ; que toutes celles qui l'habitaient devaient être saintes ; que ce nom de Sainte-Marie me signifiait qu'il la fallait être à quelque prix que ce fût, et que c'était pourquoi il fallait s'abandonner et sacrifier à toutes sans aucune réserve ni ménagement. Cela m'adoucissait tout ce qui me paraissait de plus rude dans ces commencements. Tous les matins, pendant quelques jours, l'on me réveillait avec ces paroles que j'entendais distinctement sans les comprendre : *Dilexisti justitiam* et le reste du verset ; et d'autres fois « *Audi filia et vide*, » etc. Et encore celles-ci : « Tu as reconnu ton sentier et ta voie, ô ma » Jérusalem, maison d'Israël ; mais le Sei- » gneur te gardera en toutes voies et ne t'a- » bandonnera jamais. » Je disais tout cela à ma bonne maîtresse sans le comprendre. Je la regardais et ma Supérieure aussi comme mon Jésus-Christ en terre. Et comme je ne savais et n'avais jamais eu de conduite ni direction, j'étais si aise de m'y voir assujettie afin de pouvoir obéir, qu'il me semblait être des oracles tout ce qu'elles me disaient, et que je n'aurais plus rien à craindre en le faisant par obéissance.

Et comme je la priais de m'apprendre à faire l'Oraison, dont mon âme sentait une si grande faim, elle ne voulut point croire qu'étant venue en la religion à l'âge de vingt-trois ans, je ne la susse point faire ; et après l'en avoir assurée, elle me dit pour la première [fois] : « Allez vous mettre devant Notre-

» Seigneur comme une toile d'attente devant » un peintre. » J'aurais voulu qu'elle m'eût expliqué ce qu'elle me disait, ne le comprenant pas, et je ne [le] lui osais pas dire, mais il me fut dit : « Viens, je te l'apprendrai. » Et d'abord que je fus à l'oraison, mon souverain Maître me fit voir que mon âme était cette toile d'attente, sur laquelle il voulait peindre tous les traits de sa vie souffrante, qui s'est toute écoulée dans l'amour et la privation, [dans la] séparation, dans le silence et le sacrifice [jusqu'à] sa consommation ; qu'il me ferait cette impression [dans mon âme], après l'avoir purifiée de toutes les taches qui lui restaient, tant de l'affection aux choses terrestres que de l'amour de moi-même et de la créature, pour lesquelles mon naturel complaisant avait beaucoup de penchant.

Il me dépouilla de tout en ce moment, et après avoir vidé mon cœur et mis mon âme toute nue, il y alluma un si ardent désir de l'aimer et de souffrir, qu'il ne me donnait point de repos ; me poursuivant de si près, que je n'avais de loisir que pour penser comme c'est que je le pourrais aimer en me crucifiant ; et sa bonté a toujours été si grande à mon égard, que jamais il n'a manqué de m'en fournir les moyens.

Et quoique je ne cachais rien à ma maîtresse, j'avais pourtant formé le dessein de faire étendre ses permissions sur les pénitences plus loin que son intention. De quoi m'étant mise en devoir, mon saint Fondateur me reprit si fortement, sans me laisser passer outre, que jamais depuis je n'ai eu le courage d'y retourner. Car ses paroles sont toujours demeurées gravées dans mon cœur « Eh
» quoi ! ma fille, penses-tu pouvoir plaire à
» Dieu en passant les limites de l'obéissance,
» ce qui est le principal soutien et fondement
» de cette congrégation, et non pas les aus-
» térités ? »

Ayant passé mon essai avec un ardent désir de me voir toute à Dieu, [il] me fit la miséricorde de me poursuivre continuellement pour me faire arriver à ce bonheur. Etant donc revêtue de notre saint habit, mon divin Maître me fit voir que c'était là le temps de nos fiançailles, lesquelles lui donnaient un nouvel empire sur moi, qui recevais aussi un double engagement de l'aimer d'un amour de préférence. Ensuite il me fit comprendre qu'à la façon des amants les plus passionnés, il ne me ferait goûter pendant ce temps que ce qu'il y avait de plus doux dans la suavité des caresses de son amour. En effet, [elles] furent si excessives qu'elles me mettaient souvent hors de moi-même, et me rendaient incapable de pouvoir agir. Cela me jetait dans un si profond abîme de confusion que je n'osais pas paraître; de quoi l'on me reprit en me faisant entendre que cela n'était pas l'esprit des filles de Sainte-Marie, qui ne voulait rien d'extraordinaire et que, si je ne me retirais de tout cela, on ne me recevrait pas.

Cela me mit dans une grande désolation, dans laquelle je fis tous mes efforts et n'épargnais rien pour me retirer de cette voie; mais tous mes efforts furent inutiles. Et notre bonne maitresse y travaillait de son côté sans que pourtant je le comprisse; car comme elle me voyait beaucoup affamée de faire l'oraison et de l'apprendre à faire, ne pouvant, quelque effort que je fisse, suivre les méthodes que l'on me donnait pour cela, et [qu'il] fallait toujours revenir à celle de mon divin Maître, quoique je fisse tout mon possible pour tout oublier et me détourner de lui, l'on me donna pour aide à une officière, laquelle me faisait travailler pendant l'oraison. Après quoi, allant demander à ma maîtresse pour la reprendre, elle me corrigeait fortement, me disant de la faire en faisant notre ouvrage, parmi les exercices du noviciat, ce que je faisais sans que cela me pût détourner de la douce joie et consolation de mon âme qui la sentait toujours augmenter. L'on m'ordonna d'aller entendre les points d'oraison du matin, après quoi je sortirais pour aller balayer le lieu qu'on me dirait, pour jusqu'à prime, après laquelle l'on me faisait rendre compte de mon oraison, ou plutôt de celle que mon souverain Maître faisait en moi et pour moi, qui n'avais d'autre vue, en tout cela, que d'obéir; en quoi je sentais un plaisir extrême, quelque peine que souffrît mon corps en le faisant.

Je chantais après :

Plus l'on contredit mon amour,
Plus cet unique bien m'enflamme.
Que l'on m'afflige nuit et jour,
On ne peut l'ôter à mon âme.
Plus je souffrirai de douleur,
Plus il m'unira à son Cœur.

Je me sentais une faim insatiable des humiliations et mortifications, bien que mon naturel sensible les ressentît vivement. Mon divin Maître me pressait sans cesse d'en demander, ce qui m'en procurait de bonnes; car quoiqu'on me refusât celles que je demandais on m'en donnait d'autres que je n'attendais pas, et si opposées à mes inclinations, que j'étais obligée de dire à mon bon Maître, dans l'effort de la violence qu'il me fallait [faire] : » Hélas! venez à mon secours, puisque vous » en êtes la cause. » Ce qu'il faisait en me di- » sant : Reconnais donc que tu ne peux rien » sans moi qui ne te laisserai point manquer » de secours, pourvu que tu tiennes toujours » ton néant et ta faiblesse abîmés dans ma » force. »

Je ne dirai qu'une de ces sortes d'occasions mortifiantes au-dessus de mes forces, et où il me fit vraiment éprouver l'effet de sa promesse. C'est une chose pour laquelle toute notre famille avait une si grande aversion naturelle, que mon frère retint, en passant le contrat de ma réception, que l'on ne me contraindrait jamais à faire cela : ce que l'on n'eut pas [de] peine d'accorder, la chose étant si indifférente d'elle-même. [C'est] à cela même qu'il me fallut rendre, car l'on m'attaqua si fortement là-dessus de toutes parts, que je ne savais plus à quoi me résoudre : d'autant que ma vie me semblait mille fois plus facile à sacrifier; et si je n'avais plus chéri ma vocation que ma vie, je l'aurais alors bien plutôt quittée, que de me résoudre à faire ce que l'on désirait de moi; mais c'était en vain que je résistais, puisque mon Sauveur voulait ce sacrifice, duquel en dépendaient tant d'autres. Je fus trois jours à combattre avec tant de violence que j'en faisais compassion, surtout à ma maîtresse, devant laquelle je me mettais tout d'abord en devoir de faire ce qu'elle me disait; et puis le courage me manquait, et je mourais de douleur de ne pouvoir vaincre mon naturel, et je lui disais : « Hélas! que ne m'ôtez-vous la » vie plutôt que de me laisser manquer à » l'obéissance! »

Sur quoi elle me repoussa : « Allez, dit- » elle; vous n'êtes pas digne de la pratiquer, » et je vous défends maintenant de faire ce » que je vous commandais. » Ce m'en fut assez. Je dis d'abord :

« Il [faut] mourir ou vaincre. » Je m'en allais devant le Très-Saint Sacrement, mon asile ordinaire, où je demeurai environ trois ou quatre heures à pleurer et gémir, pour obtenir la force de me vaincre. « Hélas! » mon Dieu, m'avez-vous abandonnée? Eh » quoi! faut-il qu'il y ait encore quelque ré- » serve dans mon sacrifice, et qu'il ne soit » pas tout consommé en parfait holocauste? » Mais mon Seigneur voulant pousser à bout la fidélité de mon amour envers lui, comme il me l'a fait voir depuis, il prenait plaisir de voir combattre, en son indigne esclave, l'amour divin contre les répugnances naturelles. Enfin, il fut victorieux; car sans autre consolation ni armes que ces paroles : « Il ne faut » point de réserve à l'amour, » je m'allai jeter à genoux devant ma maîtresse, lui demandant par miséricorde de me permettre de faire ce qu'elle avait souhaîté de moi. Et enfin je le fis, quoique je n'aie jamais senti une telle répugnance; laquelle recommençait toutes les fois qu'il me fallait le faire, ne laissant de le continuer pendant environ huit ans.

Ce fut après ce sacrifice que toutes les grâces et faveurs de mon Souverain se redoublèrent et inondèrent tellement mon âme, que j'étais contrainte de dire souvent : « Suspendez, ô mon Dieu, ce torrent qui m'abîme, » ou étendez ma capacité pour le recevoir! » Mais je supprime toutes ces prédilections et profusions du pur amour, qui étaient si grandes, que je [ne] pourrais pas bien m'en exprimer.

Sur quoi l'on m'attaqua encore, proche le temps de ma profession, me disant que l'on voyait bien que je n'étais pas propre à prendre l'esprit de la Visitation, qui craignait toutes ces sortes de voies sujettes à la tromperie et illusion. Ce que je représentai d'abord à mon Souverain en lui faisant mes plaintes : « Hélas! mon Seigneur, vous serez » donc la cause que l'on me renverra? » Sur quoi il me fut répondu : « Dis à ta Supé» rieure qu'il n'y a rien à craindre pour te » recevoir, que je réponds pour toi, et que, si » elle me trouve solvable, je serai ta caution. » Et [lui ayant] fait ce rapport, elle m'ordonna de lui demander, pour marque de sûreté, qu'il me rendît utile à la sainte religion par la pratique exacte de toutes ses observances. Sur quoi son amoureuse bonté me répondit : « Eh bien! ma fille, je t'accorde » tout cela, car je te rendrai plus utile à la » religion qu'elle ne pense, mais d'une ma» nière qui n'est encore connue que de moi; » et désormais, j'ajusterai mes grâces à l'es» prit de ta règle, à la volonté de tes supé» rieures et à ta faiblesse; en sorte que tu » tiennes suspect tout ce qui te retirera de » l'exacte pratique de ta règle, laquelle je » veux que tu préfères à tout le reste. De » plus, je suis content que tu préfères la vo» lonté de tes supérieures à la mienne, lors» qu'elles te défendront de faire ce que je » t'aurai ordonné. Laisse-les faire tout ce » qu'elles voudront de toi : je saurai bien

» trouver le moyen de faire réussir mes des-
» seins, même par des moyens qui y sem-
» blent opposés et contraires. Et je ne me
» réserve que la conduite de ton intérieur, et
» particulièrement de ton cœur, dans leque
» ayant établi l'empire de mon pur amour,
» je ne le céderai jamais à d'autres. » Notre Mère et [notre] Maîtresse demeurèrent contentes de tout cela, dont les effets parurent si sensiblement, qu'elles ne pouvaient plus douter que ces paroles ne vinssent de la vérité; car je [ne] sentais point de trouble en mon intérieur, et je ne m'attachai qu'à faire l'obéissance, quelque peine qu'il me fallût souffrir pour cela. Mais l'estime et la complaisance [qu'on avait pour moi] m'étaient un martyre insupportable, et je les regardais comme un juste châtiment de mes péchés, qui me paraissaient si grands, que tous les tourments imaginables m'auraient été doux à souffrir pour les expier et satisfaire à la divine justice.

IV

LA PROFESSION. — PREMIÈRES MANIFESTATIONS DU SACRÉ-CŒUR.

Etant donc enfin parvenue au bien tant désiré de la sainte profession, c'est en ce jour que mon divin Maître voulut bien me recevoir pour son épouse, mais d'une manière que je me sens impuissante d'exprimer. Seulement je dirai qu'il me parlait et me traitait comme une épouse du Thabor, ce qui m'était plus dur que la mort, ne me voyant point de conformité avec mon Epoux que j'envisageais tout défiguré et déchiré sur le Calvaire.

Mais il me fut dit : « Laisse-moi faire cha- » que chose en son temps, car je veux que tu

» sois maintenant le jouet de mon amour, qui
» se veut jouer de toi selon son bon plaisir,
» comme les enfants font de leurs poupées.
» Il faut que tu sois ainsi abandonnée, sans
» vues ni résistances, me laissant contenter
» à tes dépens, mais tu n'y perdras rien. » Il me promit de ne plus me quitter, en me disant : « Sois toujours prête et disposée à
» me recevoir, car je veux désormais faire
» ma demeure en toi, pour converser et m'en-
» tretenir avec toi. »

Dès lors il me gratifia de sa divine présence, mais d'une manière que je n'avais point encore expérimentée; car jamais je n'avais reçue une si grande grâce, pour les effets qu'elle a opérés toujours en moi, depuis. Je le voyais, je le sentais proche de moi, et l'entendais beaucoup mieux que si c'eût été des sens corporels par lesquels j'aurais pu me distraire pour m'en détourner; mais je ne pouvais mettre d'empêchement à cela, n'y ayant rien de ma participation. Cela imprima en moi un si profond anéantissement, que je me sentis d'abord comme tombée et anéantie dans l'abîme de mon néant, d'où je n'ai pu sortir depuis, par respect et hommage à cette grandeur infinie, devant laquelle j'aurais voulu être toujours prosternée la face contre terre ou à genoux : ce que j'ai fait depuis, autant que les ouvrages et ma faiblesse l'ont pu permettre. Car il ne me laissait point de repos dans une posture moins respectueuse, et [je] n'osais m'asseoir que lorsque j'étais en la présence de quelqu'un, pour la vue de mon indignité, qu'il m'a toujours fait voir si grande, que je n'osais plus paraître qu'avec des confusions étranges, qui me faisaient désirer que l'on n'eût plus eu de souvenir de moi que pour me mépriser, humilier et me dire des injures, puisque rien ne m'est dû que cela. Cet unique amour de mon âme prenait tant de déplaisir que l'on en usât ainsi à mon égard, que, malgré la sensibilité de mon naturel orgueilleux, il ne m'en laissait plus trouver aucun parmi les créatures que dans ces occasions de contradiction, d'humiliation et d'abjection, lesquelles étaient ma nourriture délicieuse, laquelle il ne m'a point laissée manquer, ni ne disait : c'est assez. Mais, au contraire, il faisait lui-même ce qui manquait de la part des créatures ou de moi-même; mais, mon Dieu, c'était d'une manière bien plus sensible quand vous vous en mêliez, et je serais trop longue à m'en exprimer.

Il m'honorait de ses entretiens quelquefois comme un ami ou comme un époux le plus

passionné d'amour, ou comme un père blessé d'amour pour son enfant unique, et en d'autres qualités. Je supprime les effets que cela produisait en moi. Seulement je dirai qu'il me fit voir en lui deux saintetés, l'une d'amour, l'autre de justice, toutes deux très vigoureuses en leur manière, et lesquelles s'exerçaient continuellement sur moi. La première me ferait souffrir une espèce de purgatoire très douloureux à supporter, pour soulager les saintes âmes qui y étaient détenues; auxquelles il permettrait, selon qu'il lui plairait, de s'adresser à moi. Et pour sa sainteté de justice, si terrible et épouvantable aux pécheurs, elle me [ferait] sentir le poids de sa juste rigueur en me faisant souffrir pour les pécheurs et « particulièrement, [dit-il], pour les âmes qui me sont con-
» sacrées, pour lesquelles je te ferai voir et
» sentir dans la suite ce qu'il te conviendra
» souffrir pour mon amour. » Mais, mon Dieu, qui connaissez mon ignorance et impuissance à m'exprimer de tout ce qui s'est passé depuis entre votre souveraine Majesté et votre chétive et indigne esclave, par les effets toujours opérants de votre amour et de votre grâce, donnez-moi le moyen de pouvoir dire quelque peu de ce qui est le plus intel-

ligible et sensible, et qui puisse faire voir jusqu'à quel excès de libéralité [votre amour s'est porté] envers un objet si misérable et indigne.

Mais comme je ne cachais rien à ma Supérieure et Maîtresse, quoique souvent je ne comprenais pas ce que je leur disais, et comme elles m'eurent fait connaître que cela était des voies extraordinaires qui n'étaient pas propres aux filles de Sainte-Marie, cela m'affligea fort et fut cause qu'il n'y a sortes de résistances que je n'aie [faites] pour me retirer de cette voie. [Mais c'était en vain, car cet esprit avait déjà pris un tel empire sur le mien, que je n'en pouvais plus jouir non plus que de mes autres puissances intérieures, que je sentais toutes absorbées en lui. Je faisais tous mes efforts pour m'appliquer à suivre la méthode d'oraison que l'on m'enseignait avec les autres pratiques ; mais rien ne demeurait dans mon esprit. J'avais beau lire mes points d'oraison : tout s'évanouissait, et je ne pouvais rien apprendre ni retenir que ce que mon divin Maître m'enseignait, ce qui m'a fait beaucoup souffrir. Car on détruisait autant que l'on pouvait toutes ces opérations en moi, et on m'ordonnait de le faire, et je combattais contre lui autant que je le pouvais, suivant exactement tout ce que l'obéissance m'ordonnait pour me retirer de sa puissance, laquelle rendait la mienne inutile.

Et je me plaignais à lui : « Eh quoi ! lui » disais-je, ô mon souverain Maître! pourquoi » ne me laissez-[vous pas] dans la voie com- » mune des filles de Sainte-Marie ? M'avez- » vous amenée dans votre sainte maison pour » me perdre ? Donnez ces grâces extraordi- » naires à ces âmes choisies qui y auront » plus de correspondance et vous glorifieront » plus que moi, qui ne vous fais que des ré- » sistances. Je ne veux que votre amour et » votre croix, et cela me suffit pour être une » bonne religieuse, qui est tout ce que je » désire. »

Et il me fut répondu : « Combattons, ma » fille, j'en suis content et nous verrons le- » quel remportera la victoire, du Créateur » ou de sa créature, de la force ou de la fai- » blesse; du Tout-puissant ou de l'impuis- » sance ; mais celui qui sera vainqueur le » sera pour toujours. » Cela me jeta dans une extrême confusion, dans laquelle il [me] dit : « Apprends que je ne me tiens point of- » fensé de tous ces combats et oppositions » que tu me fais par obéissance, pour la-

» quelle j'ai donné ma vie ; mais je te veux
» apprendre que je suis le maître absolu de
» mes dons et de mes créatures, et que rien
» ne pourra m'empêcher d'accomplir mes
» desseins. C'est pourquoi non-seulement je
» veux [que tu fasses ce] que tes supérieures
» te diront, mais encore que tu ne fasses rien
» de ce que je t'ordonnerai sans leur consen-
» tement. Car j'aime l'obéissance, et sans
» elle on ne peut me plaire. »

Cela plut à ma Supérieure, laquelle me fit abandonner à sa puissance, ce que je fis avec une grande joie et paix que je sentis d'abord dans mon âme, laquelle souffrait une cruelle tyrannie.

Il me demanda après la sainte Communion de lui réitérer le sacrifice que je lui avais déjà fait de ma liberté et de tout mon être, ce que je fis de tout mon cœur. « Pourvu,
» lui dis-je, ô mon souverain Maître, que
» vous [ne] fassiez jamais rien paraître en
» moi d'extraordinaire que ce qui me pourra
» causer le plus d'humiliation et d'abjection
» devant les créatures, et me détruire dans
» leur estime ; car, hélas ! mon Dieu, je sens
» ma faiblesse, je crains de vous trahir, et
» que vos dons ne soient pas en sûreté chez
» moi. » — « Ne crains rien, ma fille, me

» dit-il, j'y mettrai bon [ordre], car je m'en » rendrai le gardien moi-même et te rendrai » impuissante à me résister. » — « Eh quoi ! » mon Dieu, me laisserez-vous toujours vi- » vre sans souffrir ? » Il me fut d'abord montré une grande croix, dont je ne pouvais voir le bout, mais elle était toute couverte de fleurs : « Voilà le lit de mes chastes épouses » où je te ferai consommer les délices de » mon amour ; peu à peu ces fleurs tombe- » ront et [il] ne te restera que les épines » qu'elles cachent à cause de ta faiblesse ; » mais elles te feront si vivement sentir » leurs piqûres, que tu auras besoin de toute » la force de mon amour pour en supporter » la douleur. » Ces paroles me réjouirent beaucoup, pensant qu'il n'y aurait jamais assez de souffrances, d'humiliations ni de mépris, pour désaltérer l'ardente soif que j'en avais, et que je ne pourrais jamais trouver de plus grande souffrance que celle que je sentais de ne pas assez souffrir, car son amour ne [me] laissait point de repos ni jour ni nuit. Mais ces douceurs m'affligeaient. Je voulais la croix toute pure, et j'aurais voulu pour cela toujours voir mon corps accablé d'austérités ou de travail, duquel je prenais autant que mes forces pouvaient porter, car je ne pouvais vivre un moment sans souffrance. Plus je souffrais et plus je contentais cette sainteté d'amour qui [avait] allumé trois désirs dans mon cœur, qui me tourmentaient incessamment : l'un de souffrir, l'autre de l'aimer et communier, et le troisième de mourir pour m'unir à lui.

Je ne me souciais plus ni du temps ni du lieu, depuis que mon souverain m'accompagnait partout. Je me trouvais indifférente à toutes lès dispositions que l'on pût faire de moi, étant bien sûre que s'étant ainsi donné à moi sans aucun mérite de ma part, mais par sa pure bonté, et que, par conséquent, on ne me le pourrait pas ôter, cela me rendait contente partout. Ce que j'expérimentai lorsque l'on me fit faire la retraite de ma profession, en gardant une ânesse avec son petit ânon dans le jardin, laquelle ne me donnait pas peu d'exercice, car on ne me permettait pas de l'attacher; et on voulait que je la retinsse dans un petit coin que l'on m'avait marqué, crainte qu'elle ne fît du mal ; et ils ne faisaient que courir. Je n'avais point de repos jusqu'à l'*Angelus* du soir, que je venais souper; et puis je retournais pendant une partie de Matines dans [l']étable pour la faire manger. Je me trouvais si contente de cette occupation, que je ne me serais point souciée, quand elle aurait duré toute ma vie ; et mon Souverain m'y tenait une si fidèle compagnie, que toutes ces courses qu'il me fallait faire ne m'empêchaient point ; car ce fut là que je reçus de si grandes grâces, que jamais je n'en avais expérimenté de semblables ; surtout ce qu'il me fit connaître sur le mystère de sa sainte mort et passion ; mais c'est un abîme à écrire et la longueur me fait tout supprimer. [Je dirai] seulement que c'est ce qui m'a donné tant d'amour pour la croix, que je ne peux vivre sans souffrir : mais souffrir en silence, sans consolation, soulagement ni compassion ; et mourir avec le Souverain de mon âme, accablée sous la croix de toutes sortes d'opprobres, d'humiliations, d'oublis et de mépris. Ce qui m'a duré toute ma vie, laquelle par sa miséricorde s'est toute passée dans [ces] sortes d'exercices, qui sont ceux du pur amour, qui a toujours pris soin de me fournir abondamment de ces sortes de mets, si délicieux à son goût, que jamais il ne dit : c'est assez.

Mon divin Maître me fit une fois cette leçon : « Apprends, » me dit-il, sur quelque faute que j'avais faite, « que je suis un Maî- » tre saint et qui enseigne la sainteté. Je

» suis pur et ne puis souffrir la moindre
» tache. C'est pourquoi, il faut que tu agisses
» en simplicité de cœur, avec une intention
» droite et pure en ma présence. Car je ne
» peux souffrir le moindre détour, et je te
» ferai connaître que l'excès de mon amour
» m'a porté à me rendre ton Maître, pour
» t'enseigner et te façonner à ma mode et
» selon mes desseins; que je ne peux sup-
» porter les âmes tièdes et lâches, et que si
» je suis doux à supporter tes faiblesses, je
» ne serai pas moins sévère et exact à corri-
» ger et punir tes infidélités. » C'est ce qu'il m'a bien fait expérimenter toute ma vie. Car je puis dire qu'il ne me laissait pas passer la moindre faute où il y eût tant soit peu de volonté ou de négligence, sans qu'il m'en reprît ou punît, quoique toujours dans sa miséricorde et bonté infinies. Je confesse pourtant que rien ne m'était plus douloureux et terrible que de le voir tant soit peu fâché contre moi. Toutes les autres douleurs, corrections et mortifications ne m'étaient rien en comparaison.

C'est ce qui me faisait promptement aller demander pénitence de mes fautes, car il se contentait de celles que l'obéissance me donnait.

Et ce qu'il reprenait [le plus] sévèrement était le manquement de respect et d'attention devant le Très Saint Sacrement, surtout dans le temps de l'office et de l'oraison, les défauts de droiture et de pureté en ses intentions, la vaine curiosité. Et quoique ses [yeux] purs et clairvoyants découvrent jusqu'aux moindres défauts de charité et d'humilité pour les reprendre sévèrement, néanmoins rien n'est comparable au manquement d'obéissance, soit aux Supérieures ou aux règles; et la moindre réplique avec témoignage de répugnance aux Supérieures lui est insupportable dans une âme religieuse. « Tu te trom-
» pes, me disait-il, en pensant me pouvoir
» plaire par ces sortes d'actions et mortifica-
tions dont la propre volonté ayant fait élec-
» tion, fait plutôt plier celle des supérieures
» que d'en démordre. Oh! sache que je rejette
» tout cela comme des fruits corrompus par la
» propre volonté, laquelle m'est en horreur
» dans une âme religieuse; et j'agréerais
» plus qu'elle prît toutes ses petites commo-
» dités par obéissance, que de s'accabler
» d'austérités et de jeûnes par sa propre vo-
» lonté. » Et lorsqu'il m'arrive de faire par mon choix et sans son ordre ou [celui] de ma Supérieure, de ces sortes de mortifica-

tions et pénitences, il ne me permet pas même de les lui offrir et m'en corrige en m'en imposant la peine, de même que pour mes autres manquements, tout chacun desquels trouve la sienne particulière dans le Purgatoire, où il me purifie pour me rendre moins indigne de sa divine présence, communication et opération; car il faisait tout en moi. Et une fois, ayant fini un *Ave maris stella* de discipline que l'on m'avait donné, il me dit : « Voici ma part; » et comme je poursuivais : « Voilà celle du démon que tu fais » maintenant; » ce qui me fit cesser bien vîte. Et une autre fois, pour les âmes du Purgatoire, du moment que j'en voulus faire [plus] que je n'avais permission, elles m'environnèrent en se plaignant [de] ce que je frappais sur elles. Cela me fit résoudre de mourir plutôt que d'outrepasser tant soit peu les limites de l'obéissance; [car] après cela il m'en faisait faire la pénitence. Mais je ne trouvais rien de difficile parce qu'il tenait encore, en ce temps-là toute la rigueur de mes peines et souffrances absorbées dans la douceur de son amour, laquelle je le suppliais souvent de retirer de moi, pour me laisser goûter avec plaisir les amertumes de ses angoisses, dérélictions, agonies, opprobres et autres tourments; mais il me répondait que c'était à moi de me soumettre indifféremment à toutes ses différentes dispositions, et non point à lui donner des lois, « et je te » ferai comprendre dans la suite que je suis » un sage et savant directeur, qui sais con» duire les âmes sans danger, lorsqu'elles » s'abandonnent à moi en s'oubliant elles» mêmes. »

Une [fois] donc étant devant le Saint Sacrement, me trouvant un peu plus de loisir, car les occupations que l'on me donnait ne m'en laissaient guère, [je] me [trouvai] tout investie de cette divine présence, mais si fortement, que je m'oubliai de moi-même et du lieu où j'étais, et je m'abandonnai à ce divin Esprit, livrant mon [cœur] à la force de son amour. Il me fit reposer fort longtemps sur sa divine poitrine, où il me découvrit les merveilles de son amour et les secrets inexplicables de son Sacré-Cœur, qu'il m'avait toujours tenus cachés, jusqu'alors qu'il me l'ouvrit pour la première fois, mais d'une manière si effective et si sensible qu'il ne mei laissa aucun lieu d'en douter, pour les effets que cette grâce produisit en moi. Et voic comme il me semble la chose s'être passée :

Il me dit : « Mon divin Cœur est si pas-

» sionné d'amour pour les hommes, et pour
» toi en particulier, que ne pouvant plus con-
» tenir en lui-même les flammes de son ar-
» dente charité, il faut qu'il les répande par
» ton moyen, et qu'il se manifeste à eux pour
» les enrichir de ces précieux trésors que je
» te découvre, et qui contiennent les grâces
» sanctifiantes et salutaires, nécessaires pour
» les retirer de l'abîme de perdition; et je
» t'ai choisie, comme un abîme d'indignité et
» d'ignorance pour l'accomplissement de ce
» grand dessein, afin que tout soit fait par
» moi. » Après il me demanda mon cœur, lequel je le suppliai de prendre, ce qu'il fit, et le mit dans le sien adorable, dans lequel il me le fit voir comme un petit atôme qui se consommait dans cette ardente fournaise, d'où le retirant comme une flamme ardente en forme de cœur, il le remit dans le lieu où il l'avait pris, en me disant : « Voilà, ma bien-
» aimée, un précieux gage de mon amour,
» qui renferme dans ton côté une petite étin-
» celle de ses plus vives flammes, pour te
» servir de cœur et te consommer jusqu'au
» dernier moment, et dont l'ardeur ne s'é-
» teindra, ni ne pourra trouver de rafraîchis-
» sement que quelque peu dans la saignée,
» dont je marquerai tellement le sang de ma

» croix, qu'elle t'apportera plus d'humilia-
» tion et de souffrance que de soulagement.
» C'est pourquoi je veux que tu la demandes
» simplement, tant pour pratiquer ce qui vous
» est ordonné [par la règle], que pour te
» donner la consolation de répandre ton sang
» sur la croix des humiliations. Et pour mar-
» que que la grande grâce que je viens de te
» faire n'est point une imagination, et qu'elle
» est le fondement de toutes celles que j'ai
» encore à te faire, quoique j'aie refermé la
» plaie de ton côté, la douleur t'en restera
» pour toujours, et si jusqu'à présent tu n'as
» pris que le nom de mon esclave, je te donne
» celui de la disciple bien-aimée de mon Sa-
» cré-Cœur. »

Après une faveur si grande, et qui dura un si long espace de temps, pendant lequel je ne savais si j'étais au ciel ou en terre, je demeurai plusieurs jours comme tout embrasée et enivrée, et tellement hors de moi que je ne pouvais en revenir pour dire une parole qu'avec violence, et [il] m'en fallait faire une si grande pour me récréer et pour manger, que je me trouvais au bout de mes forces pour surmonter ma peine. Ce qui me causait une extrême humiliation, et je ne pouvais dormir, car cette plaie, dont la douleur m'est si précieuse, me cause de si vives ardeurs, qu'elle me consomme et me fait brûler toute vive. Et je me sentais une si grande plénitude de Dieu, que je ne pouvais m'exprimer à ma Supérieure comme je l'aurais souhaité et fait, quelque peine et confusion que ces grâces me fassent ressentir en les disant, pour ma grande indignité, laquelle m'aurait fait choisir mille fois plutôt de dire mes péchés à tout le monde; et ce m'eût été une grande consolation, si l'on m'avait permis de le faire et de dire tout haut ma confession générale au réfectoire, pour faire voir le grand fonds de corruption qui est en moi, afin que l'on ne m'attribuât rien des grâces que je recevais.

Celle dont je viens de parler au sujet de ma douleur de côté m'était renouvelée les premiers vendredis du mois en cette manière : le Sacré-Cœur m'était représenté comme un soleil brillant d'une éclatante lumière, dont les rayons tout ardents donnaient à plomb sur mon cœur, qui se sentait d'abord embrasé d'un feu si ardent, qu'il semblait m'aller réduire en cendres, et c'était particulièrement en ce temps-là que mon divin Maître m'enseignait ce qu'il voulait de moi, et me découvrait les secrets de cet aimable Cœur. Une fois entre les autres, que le Saint Sacrement était exposé, après m'être sentie retirée toute au-dedans de moi-même par un recueillement extraordinaire de tous mes sens et puissances, Jésus-Christ, mon doux Maître, se présenta à moi, tout éclatant de gloire, avec ses cinq plaies, brillantes comme cinq soleils, et de cette sacrée humanité sortaient des flammes de toutes parts, mais surtout de son adorable poitrine qui ressemblait [à] une fournaise ; et s'étant ouverte me découvrit son tout aimant et tout aimable Cœur, qui était la vive source de ces flammes. Ce fut alors qu'il me découvrit les merveilles inexplicables de son pur [amour], et jusqu'à quel excès il l'avait porté d'aimer les hommes, dont il ne recevait que des ingratitudes et méconnaissances. « Ce qui m'est beaucoup » plus sensible, me dit-il, que tout ce que j'ai » souffert en ma passion ; d'autant que s'ils » [me] rendaient quelque retour d'amour, » j'estimerais peu tout ce que j'ai fait pour » eux, et voudrais, s'il se pouvait, en faire » davantage ; mais ils n'ont que des froideurs » et du rebut pour tous mes empressements » à leur faire du bien. Mais, du moins, » donne-moi ce plaisir de suppléer à leur in» gratitude autant que tu en pourras être ca» pable. » Et lui remontrant mon impuissance, il me répondit : « Tiens, voilà de quoi » suppléer à tout ce qui te manque.» Et en même temps ce divin Cœur s'étant ouvert, il en sortit une flamme si ardente que je pensai en être consommée; car j'en fus toute pénétrée, et ne pouvais plus la soutenir, lorsque je lui demandai d'avoir pitié de ma faiblesse.

V

LA VICTIME DU SACRÉ-CŒUR PRÉPARÉE PAR L'AMOUR.

Et le feu qui me dévorait me jeta d'abord dans une grande fièvre continue; mais j'avais trop de plaisir à souffrir, pour m'en plaindre, n'en parlant point jusqu'à ce que les forces me manquèrent. Le médecin connut qu'il y avait fort longtemps que je la portais; et elle me dura encore plus de soixante accès. Jamais je n'ai tant senti de consolation; car tout mon corps souffrant d'extrêmes [douleurs], cela me soulageait un peu l'ardente soif que j'avais de souffrir. Ce feu dévorant ne se nourrissait ni contentait que du bois de la croix, de toutes sortes de souffrances, mépris, humiliations et douleurs et jamais je ne sentais de douleur qui put égaler celle que j'avais de ne pas assez souffrir : l'on croyait que j'en mourrais.

Mais Notre-Seigneur me continuant toujours ses grâces, je reçus celle incomparable qu'il me sembla, pendant une défaillance qui m'avait pris, que les trois personnes de l'adorable Trinité se présentèrent à moi, [et] firent sentir de grandes consolations à mon âme. Mais ne pouvant m'expliquer [sur] ce qui se passa alors [je n'en dirai rien], sinon qu'il me sembla que le Père éternel, me présentant une fort grosse croix toute hérissée d'épines, accompagnée de tous les autres instruments de la Passion, il me dit : » Tiens, ma fille, je » te fais le même présent qu'à mon Fils bien- » aimé. » — « Et moi, me dit mon Seigneur » Jésus Christ, je t'y attacherai comme j'y ai » été attaché et je t'y tiendrai fidèle compagnie. » La troisième de ces adorables Personnes me dit ; « Que lui qui n'était qu'amour m'y » consommerait en me purifiant. » Mon âme demeura dans une paix et joie inconcevable : car l'impression qu'y firent ces divines personnes ne s'est jamais effacée. Elles me furent représentées sous la forme de trois jeunes hommes vêtus de blanc, tout resplendissants de lumière, de même âge, grandeur et beauté. Je ne compris pas alors, comme je l'ai fait dans la suite, les grandes souffrances que cela me signifiait.

Et comme l'on m'ordonnait de demander la santé à Notre-Seigneur, je le faisais, mais avec la crainte d'être exaucée. Mais l'on me dit que l'on connaîtrait bien si tout ce qui se passait en moi venait de l'esprit de Dieu, par le rétablissement de ma santé; après quoi l'on me permettrait ce qu'il m'avait commandé, tant au sujet de la communion des premiers vendredis, que pour veiller l'heure qu'il souhaitait la nuit du jeudi au vendredi. Ayant représenté toutes ces choses à Notre Seigneur par obéissance, je ne manquai pas de recouvrer la santé. Car la très sainte Vierge, ma bonne mère, m'ayant gratifiée de sa présence me fit de grandes caresses, et me dit après un assez long entretien ; « Prends courage, ma » chère fille, dans la santé que je te donne de » la part de mon divin [Fils], car [tu as] en- » core un long et pénible chemin à faire, » toujours dessus la croix, percée de clous et » d'épines, et déchirée de fouets; mais ne » crains rien, je ne t'abandonnerai [pas], et » te promets ma protection.» Promesse qu'elle m'a bien fait sentir depuis le grand besoin que j'en ai eu.

Mon Souverain Seigneur [continuait] toujours à me gratifier de sa divine présence actuelle et sensible, comme je l'ai dit ci-dessus, m'ayant promis que ce serait pour toujours; et, en effet, il ne m'en privait pas pour aucune faute que je commisse. Mais comme sa sainteté ne peut souffrir la moindre tache, et qu'il me fait voir jusqu'à la plus petite imperfection, [je] ne [pouvais] supporter la plus légère imperfection où il y ait tant soit peu de volonté ou de négligence; et comme je suis si imparfaite et misérable que de commettre beaucoup de fautes, quoiqu'involontaires, je confesse que ce m'est un tourment insupportable de paraître devant sa Sainteté lorsque je me suis laissée aller à quelque infidélité; et il n'y a sortes de supplices auxquels je ne me sacrifiasse plutôt que de supporter la présence de ce Dieu saint, lorsque mon âme est tachée par quelque faute: il me serait mille fois plus [doux] de m'abîmer dans une fournaise ardente.

Et, une fois, m'étant laissée aller à quelque mouvement de vanité en parlant de moi-même, ô mon Dieu, combien de larmes et de gémissements me causa cette faute! Car lorsque nous fûmes seul à seule, il me reprit en cette manière et d'un visage sévère : « Qu'as-tu, ô poudre et cendre, de quoi te » pouvoir glorifier, puisque tu n'as rien de » toi que le néant et la misère, que tu ne dois » jamais perdre de vue, non plus que sortir » de l'abîme de ton néant? Et afin que la » grandeur de mes dons ne te fasse mécon- » naître et oublier de ce que tu es, je t'en » veux mettre le tableau devant les yeux. » Et aussitôt me découvrant cet horrible tableau, [il me fit voir] un raccourci de tout ce que je suis; ce qui me surprit si fort avec tant d'horreur de moi-même, que, s'il ne m'a- vait soutenue, j'en serais pâmée de douleur, ne pouvant comprendre l'excès d'une si grande bonté et miséricorde, de ne m'avoir pas en- core abîmée dans l'enfer et de me supporter, vu que je ne pouvais me supporter moi- même. C'était là le supplice dont il punissait en moi les moindres mouvements de vaine complaisance; ce qui m'obligeait quelque- fois de lui dire : « ô mon Dieu! hélas! ou » faites-moi mourir, ou cachez-moi ce tableau, » je ne peux vivre en le voyant. » Car il imprimait en moi des peines insupportables de haine et de vengeance contre moi- même, et l'obéissance ne me permettant pas d'exécuter sur moi les rigueurs que cela me suggérait, je ne peux exprimer ce que je souffrais. Et comme je savais que ce souverain de mon âme se contentait de tout ce que l'obéissance m'ordonnait et qu'il prenait un singulier plaisir de me voir humiliée, cela me rendait très fidèle à m'accuser de mes fautes pour en recevoir pénitence, puisque, quelque rude qu'elle pût être, elle ne me semblait qu'un doux rafraîchissement auprès de celle qu'il m'imposait lui-même qui voyait des défauts en ce qui me semblait le plus pur et parfait. C'est ce qu'il me donna à connaître un jour de Toussaint, qu'il me fut dit intelligiblement :

Rien de souillé dans l'innocence ;
Rien ne se perd dans la puissance ;
Rien ne passe en ce beau jour ;
Tout s'y consomme dans l'amour.

L'explication qui me fut donnée de ces paroles m'a servi longtemps d'occupation. Rien de souillé dans l'innocence ; c'est-à-dire qu'il ne fallait souffrir aucune tache dans mon âme, ni dans mon cœur.

Rien ne se perd dans la puissance ; c'est-à-dire que je lui devais tout donner et abandonner et qu'il était la puissance même, que l'on ne pouvait rien perdre en lui donnant tout. Pour les deux autres, elles s'entendaient du paradis où rien ne passe, car tout y est éternel et s'y consomme dans l'amour; et comme il me fut montré en même temps un petit échantillon de cette gloire, ô Dieu! dans quels transports de joie et de désir cela ne [me] mit-il pas!

Comme j'étais en retraite, je passais tout le jour dans ces plaisirs inexplicables, desquels il me semblait qu'il n'y avait plus rien à faire que d'aller promptement [en] jouir. Mais ces paroles qui me furent dites me firent bien connaître que j'étais bien loin de mon compte; les voici :

« Je serai ta force, me dit-il, ne crains rien,
» sois attentive à ma voix et à ce que je te
» demande pour te disposer à l'accomplisse-
» ment de mes desseins. Premièrement tu me
» recevras dans le saint Sacrement autant
» que l'obéissance te le voudra permettre,
» quelques mortifications et humiliations qui
» t'en doivent arriver, lesquels tu dois rece-
» voir comme des gages de mon amour.
» Tu communieras de plus tous les premiers
» vendredis de chaque mois; et toutes les
» nuits du jeudi au vendredi, je te ferai par-

» ticiper à cette mortelle tristesse que j'ai
» bien voulu sentir au jardin des Olives; la-
» quelle tristesse te réduira, sans que tu la
» puisses comprendre à une espèce d'agonie
» plus rude à supporter que la mort. Pour
» m'accompagner dans cette humble prière,
» je te présenterai alors à mon Père parmi
» toutes mes angoisses, tu te lèveras entre
» onze heures et minuit, pour te proster-
» ner pendant une heure avec moi, la face
» contre terre, tant pour apaiser la divine
» colère, en demandant miséricorde pour les
» pécheurs, que pour adoucir en quelque fa-
» çon l'amertume que je sentais de l'abandon
» de mes apôtres, qui m'obligea à leur repro-
» cher qu'ils n'avaient pu veiller une heure
» avec moi, et pendant cette heure tu feras
» ce que je t'enseignerai. Mais, écoute, ma
» fille, ne crois pas légèrement à tout esprit
» et ne t'y fie pas; car Satan enrage de te
» décevoir; c'est pourquoi ne fais rien sans
» l'approbation de ceux qui te conduisent,
» afin qu'ayant l'autorité de l'obéissance, il
» ne te puisse tromper; car il n'a point de
» pouvoir sur les obéissants. »

Et pendant tout ce temps, je ne me sentais pas ni ne savais plus où j'en étais. Lorsqu'on vint me retirer de là, voyant que je ne pouvais répondre moi-même me soutenant qu'avec grand peine, l'on me mena à notre Mère, laquelle me trouvant comme tout hors de moi-même, toute brûlante et tremblante, je me jetai par terre à genoux, où elle me mortifia et humilia de toutes ses forces ; ce qui me faisait un plaisir et me donnait une joie incroyable. Car je me sentais tellement criminelle et remplie de confusion que, quelque rigoureux traitement qu'on m'eût pu faire, il m'aurait semblé trop doux. Après lui avoir dit, quoiqu'avec une extrême confusion, ce qui s'était passé, elle se prit encore à m'humilier davantage, sans me rien accorder pour cette fois de tout ce que je croyais que Notre-Seigneur me demandait de faire et ne traitant qu'avec mépris tout ce que je lui avais dit. Cela me consola beaucoup et je me retirai avec une grande paix.

C'est en vain que ton cœur soupire,
Pour y entrer comme tu crois ;
Il ne faut pas qu'on y aspire,
Que par le chemin de la Croix.

Ensuite de quoi mettant [devant] moi tout ce que j'aurais à souffrir pendant tout le cours de ma vie, tout mon corps en frémit, quoique je ne le comprisse pas alors par cette peinture, comme je l'ai fait depuis par les effets qui s'en sont suivis.

Et comme je me préparais à faire ma confession annuelle avec une grande anxiété pour trouver mes péchés, mon divin Maître me dit :] « Pourquoi te tourmentes-tu? Fais » ce qui est en ton pouvoir, je suppléerai à » ce qui te manquera au reste. Car je ne de- » mande rien tant dans ce Sacrement qu'un » cœur contrit et humilié, qui, d'une volonté » sincère de ne me plus déplaire, s'accuse » sans déguisement; et pour lors je par- » donne sans retardement, et de là il s'ensuit » un parfait amendement. »

Cet Esprit souverain qui opérait et agissait en moi, indépendamment de moi-même, avait pris un empire si absolu sur tout mon être spirituel et même corporel, qu'il n'était plus en mon pouvoir d'exciter en mon cœur aucun mouvement de joie ou de tristesse que comme il lui plaisait, non plus que d'occupation à mon esprit qui n'en pouvait prendre d'autre que celle qu'il lui donnait.

[Cela] m'a toujours tenue dans une étrange crainte d'être trompée, quelque assurance que j'aie pu recevoir du contraire, tant de sa part que des personnes qui me conduisaient, qui étaient mes Supérieures ; ne m'ayant jamais donné de directeur que pour examiner sa conduite sur moi, leur donnant toute liberté de l'approuver ou désapprouver. Et ma douleur était qu'au lieu de me retirer de la tromperie où je croyais d'être effectivement, ils m'y renfonçaient encore plus avant, tant mes confesseurs que les autres, en me disant de m'abandonner à la puissance de cet Esprit, et sans réserve m'y laisser conduire ; et quand même il me rendrait un jouet du démon, comme je le pensais, il ne fallait pas laisser que de suivre ses mouvements.

Je fis donc ma confession annuelle, après laquelle il me semblait me voir et sentir dépouillée et revêtue en même temps d'une robe blanche, avec ces paroles : « Voici la » robe d'innocence dont je revêts ton âme, » afin que tu ne vives plus que de la vie » d'un Homme-Dieu, c'est-à-dire que tu vives » comme ne vivant plus, mais me laissant » vivre en toi. Car je suis ta vie, et tu ne » vivras plus qu'en moi et par moi, qui veux » que tu agisses comme n'agissant plus, [que » tu] me laisses agir et opérer en toi et pour » toi, me remettant le soin de tout. Tu ne » dois plus avoir de volonté, [ou tu dois

» être] comme n'en ayant plus, en me lais-
» sant vouloir pour toi en tout et partout. »

Une fois cet unique amour de mon âme se présenta à moi portant d'une main le tableau d'une vie la plus heureuse qu'on se la puisse figurer pour une âme religieuse, toute dans la paix, les consolations intérieures et extérieures, une santé parfaite jointe à l'applaudissement et estime des créatures, et autres choses plaisantes à la nature. De l'autre main, il portait un autre tableau d'une vie toute pauvre et abjecte, toujours crucifiée par toutes sortes d'humiliations, mépris et contradictions ; toujours souffrante au corps et en l'esprit. [En] me présentant ces deux tableaux, il me [dit] : « Choisis, ma fille,
» celui qui t'agréera le plus, je te ferai les
» mêmes grâces au choix de l'un comme de
» l'autre. »

Je me prosternai à ses pieds pour l'adorer, en lui disant : « O mon Seigneur, je ne veux
» rien que vous et le choix que vous ferez
» pour moi. » Et après m'avoir beaucoup pressé de choisir : « Vous m'êtes suffisant,
» ô mon Dieu ! Faites pour moi ce qui vous
» glorifiera le plus, sans nul égard à mes in-
» térêts ni satisfactions. Contentez-vous, et
» cela me suffit. » Alors il me dit qu'avec

Madeleine j'avais choisi la meilleure part, qui ne me serait point ôtée, puisqu'il serait mon héritage pour toujours. Et me présentant ce tableau de crucifixion. : « Voilà, me » dit-il, ce que je t'ai choisi et qui m'agrée » le plus, tant pour l'accomplissement de » mes desseins que pour te rendre con» forme à moi. L'autre est une vie de jouis» sance et non de mérites : c'est pour l'éter» nité. » J'acceptai donc ce tableau de mort et de crucifixion en baisant la main qui me le présentait ; et quoique la nature en frémît, je l'embrassai de toute l'affection dont mon cœur était capable, et en le serrant sur ma poitrine je le sentis si fortement imprimé en moi, qu'il me semblait n'être plus qu'un composé de tout ce que j'y avais vu représenté.

Et je me trouvais tellement changée de disposition, que je ne me connaissais pas. Mais je laissai le jugement de tout à ma Supérieure, à laquelle je ne pouvais rien céler ni rien omettre de tout ce qu'elle m'ordonnait, pourvu que cela me vînt immédiatement d'elle-même. [Car] cet Esprit qui me possédait me faisait sentir des répugnances effroyables, lorsqu'elle m'ordonnait quelque chose et me voulait conduire par le conseil de quelques autres ; parce qu'il m'avait promis de lui donner toujours les lumières nécessaires pour me conduire conformément à ses desseins.

Les plus grandes grâces que [je] recevais de sa bonté, c'était dans la Sainte Communion et la nuit, surtout celle du jeudi au vendredi que je recevais des faveurs inexplicables. Il m'avertit donc une fois que Satan avait demandé de m'éprouver dans le creuset des contradictions et humiliations, tentations et dérélictions, comme l'or dans la fournaise, et qu'il lui avait tout permis, à la réserve de l'impureté ; qu'il ne voulait pas qu'il me donnât jamais aucune peine là-dessus, parce qu'il la haïssait si fort, qu'il ne lui avait jamais voulu permettre de m'en attaquer dans la moindre chose ; mais pour toutes les autres tentations, il me fallait être sur mes gardes, surtout celles d'orgueil, de désespoir et de gourmandise, de laquelle j'avais plus d'horreur que de la mort. Mais il m'assura que je ne devais rien craindre, puisqu'il serait comme un fort imprenable au-dedans de moi-même, qu'il combattrait pour moi et se rendrait le prix de mes victoires, et qu'il m'environnerait de sa puissance, afin que je ne succombasse ; mais qu'il me fallait veiller continuellement sur tout l'extérieur, et qu'il se réservait le soin de l'intérieur. Je ne tardai guère ensuite d'entendre les menaces de mon persécuteur. Car s'étant présenté à moi en forme d'un More épouvantable, les yeux étincelants comme deux charbons et me grinçant des dents contre, [il] me dit : « Maudite que tu es, je t'attraperai, et si je te » peux une fois tenir en ma puissance, je te » ferai bien sentir ce que je sais faire, je te » nuirai partout. » Et quoiqu'il me fit plusieurs autres menaces, je n'appréhendais pourtant rien, tant je me sentais fortifiée audedans de moi-même ! Il me semblait même que je n'aurais pas craint toutes les fureurs de l'Enfer, pour la grande force que je sentais au-dedans de moi-même, [grâce à] la vertu d'un petit crucifix auquel mon souverain Libérateur avait donné la force d'éloigner toutes ces fureurs infernales de moi. Je le portais toujours sur mon cœur, la nuit et le jour, et j'en ai reçu beaucoup de secours.

L'on me mit à l'infirmerie. Dieu seul peut connaître ce que j'ai eu à souffrir, tant de la part de mon naturel prompt et sensible, que celle des créatures et du démon, lequel me faisait souvent tomber et rompre tout ce que je tenais entre mes mains, et puis se moquait de moi, en me riant quelquefois au nez ; « Oh ! la lourde ! Tu ne feras jamais rien » qui vaille ; » ce qui jetait mon esprit dans une tristesse et abattement si grand que je ne savais que faire. Car souvent il m'ôtait le pouvoir de le dire à notre Mère, parce que l'obéissance abattait et dissipait toutes [ses] forces. Une fois il me poussa du haut d'un escalier, tenant une pleine terrasse de feu, sans qu'il s'en répandit, et [je] me trouvai au bas, sans m'être fait aucun mal, bien que ceux qui me virent tomber crurent que je m'étais cassé les jambes; mais je sentis mon fidèle gardien qui me soutint ; car j'avais le bonheur de jouir souvent de sa présence, et d'être souvent reprise et corrigée par lui. Une fois, m'étant voulu mêler de parler d'un mariage d'une parente, il me fit voir cela si indigne d'une âme religieuse et m'en reprit si sévèrement, qu'il dit que si je retournais à me mêler de ces sortes d'intrigues, il me cacherait sa face. Il ne pouvait souffrir la moindre immodestie ou manquement de respect en la présence de mon souverain Maître, devant lequel je le voyais prosterné contre terre, et [il] voulait que j'en fisse de même, ce que je faisais le plus souvent que je pouvais, et je ne trouvais point de posture plus douce à mes continuelles souffrances et de corps et d'esprit, parce qu'elle était la plus conforme à mon néant, lequel je ne perdais point de vue, m'y sentant toujours abîmée, soit que je fusse dans la souffrance ou dans la jouissance, dans laquelle je ne pouvais goûter aucun plaisir.

Car cette sainteté d'amour me pressait si fort de souffrir pour lui rendre du retour, que je ne pouvais trouver de plus doux repos que de sentir mon corps accablé de souffrances, mon esprit dans toutes sortes de dérélictions et tout mon être dans les humiliations, mépris et contradictions. [Elles] ne me manquaient pas, par la grâce de mon Dieu, qui ne pouvait me laisser un moment sans cela ou au-dedans de moi-même, ou au dehors. Et lorsque ce pain salutaire diminuait, il m'en fallait chercher d'autres par la mortification; et mon naturel sensible et orgueilleux m'en fournissait beaucoup de matière. [Mon souverain Maître] ne voulait pas que j'en laissasse perdre une occasion, et, lorsqu'il m'était arrivé de le faire, pour la grande violence qu'il me fallait faire pour surmonter mes répugnances, il me le faisait bien payer au double. Et lorsqu'il voulait quelque chose de moi, il me pressait si vivement, qu'il m'était impossible d'y résister, ce qui m'a fait beaucoup souffrir pour l'avoir souvent voulu faire. Il me prenait par tout ce qui était le plus opposé à mon naturel et contraire à mes inclinations, à rebours desquelles il voulait que je marchasse sans cesse.

J'étais si fort douillette que la moindre saleté me faisait bondir le cœur. Il me reprit si fortement là-dessus qu'une fois, voulant nettoyer le vomissement d'une malade, je ne pus me défendre de le faire avec ma langue et le manger, en lui disant : « Si j'avais mille » corps, mille amours, mille vies, je les » immolerais pour vous être asservie. » [Dès] lors je trouvai tant de délices dans cette action, que j'aurais voulu en rencontrer tous les jours de pareilles, pour apprendre à me vaincre et n'avoir que Dieu pour témoin. Mais sa bonté, à qui seule j'étais redevable de m'avoir donné la force de me surmonter, ne laissa pas de me témoigner le plaisir qu'il y avait pris. Car la nuit ensuite, si je ne me trompe, il me tint bien environ deux ou trois heures la bouche collée sur la plaie de son Sacré-Cœur. Et il me serait bien difficile de pouvoir exprimer ce que je sentis alors, ni les effets que cette grâce produisit dans mon âme et dans mon cœur. Mais cela suffit pour faire connaître les grandes bontés et miséricordes de mon Dieu sur un sujet si misérable.

Il ne voulait point diminuer ma sensibilité, ni mes grandes répugnances, tant pour honorer celles qu'il avait bien voulu ressentir au jardin des Olives, que pour me fournir des matières de victoires et d'humiliations. Mais, hélas ! je ne suis pas fidèle et je tombe souvent : à quoi quelquefois il semblait prendre plaisir, tant pour confondre mon orgueil, que pour m'établir dans la défiance de moi-même ; voyant que sans lui je ne pouvais que le mal et faire de continuelles chutes sans m'en pouvoir relever. Alors ce souverain bien de mon âme venait à mon secours, et comme un bon Père me tendait les bras de son amour en me disant : « Tu connais donc bien que tu ne peux rien sans » moi : » ce qui me faisait fondre de reconnaissance envers son amoureuse bonté. J'étais touchée jusqu'aux larmes de voir qu'il ne se vengeait de mes péchés et continuelles infidélités que par des excès d'amour par lesquels il semblait combattre mes ingratitudes. Il les exposait quelquefois devant mes yeux, avec la multitude de ses grâces, me mettant dans l'impuissance de lui parler que par mes larmes, souffrant alors plus que je ne peux dire. C'est ainsi que ce divin amour se jouait de son indigne esclave.

Et une fois que j'avais fait quelque soulèvement de cœur en servant une malade qui avait la dyssenterie, il m'en reprit si fortement, que je [me] vis contrainte, pour réparer cette faute... *(La délicatesse du siècle ne saurait supporter le récit que l'obéissance fait écrire ici à notre Bienheureuse. Il faut que Notre-Seigneur intervienne lui-même pour l'arrêter dans l'excès de sa mortification. C'est alors qu'elle continue :)* « O mon » Seigneur ! je le fais pour vous plaire, et » pour gagner votre divin Cœur ; j'espère » que vous ne me le refuserez pas. Mais » vous, mon Seigneur, que n'avez-vous pas » fait pour gagner celui des hommes? et cependant ils vous le refusent et vous en » chassent bien souvent. » — « Il est vrai, ma » fille, que mon amour m'a fait tout sacrifier pour eux, sans qu'ils me rendent de » retour ; mais je veux que tu supplées, par » les mérites de mon Sacré-Cœur, à leur » ingratitude. Je te le veux donner, mon » Cœur. Mais auparavant, il faut que tu te » rendes sa victime d'immolation, pour [que], » avec son entremise, tu détournes les châti-

» ments que la divine justice de mon Père,
» armé de colère, veut exercer sur une com-
» munauté religieuse, [qu'il va] reprendre et
» corriger en son juste courroux. » Et me la faisant voir à la même heure avec les défauts particuliers qui l'avaient irrité, et tout ce qu'il me fallait souffrir pour apaiser sa juste colère, ce fut alors que tout frémit en moi ; et [je] n'eus pas le courage de me sacrifier. Je dis que n'étant pas à moi, je ne pouvais le faire sans le consentement de l'obéissance, [et] la crainte que j'avais qu'on ne me le fît faire, me fit négliger de le dire ; mais il me poursuivait sans cesse et ne me donnait point de repos. Je me fondais en larmes, et me [vis] enfin contrainte de le dire à ma Supérieure ; laquelle voyant ma peine, me dit de me sacrifier à tout ce qu'il désirait de moi, sans réserve.

Mais, mon Dieu, ce fut alors que ma peine se redoubla encore plus fort, car je n'avais point le courage de dire oui, et je résistais toujours.

VI

L'IMMOLATION. — LE P. DE LA COLOMBIÈRE.

Mais la veille de la Présentation, cette divine justice me parut armée d'une manière si terrible que j'en demeurai tout hors de moi, et ne pouvant me défendre, il me fut dit comme à saint Paul : « il t'est bien dûr de » regimber contre les traits de ma justice ! » Mais puisque tu m'as tant fait résistance » pour éviter les humiliations qu'il te convien- » dra souffrir pour ce sacrifice, je te les don- » nerai au double; car je ne te demandais » qu'un sacrifice secret, et maintenant je le » veux public et d'une manière et dans un » temps hors de tout raisonnement humain, » et accompagné de circonstances si humili-

» liantes, qu'elles te seront un sujet de con-
» fusion pour le reste de ta vie, et dans toi-
» même et devant les créatures, pour te faire
» comprendre ce que c'est que de résister à
» Dieu. »

Hélas! Je le compris bien en effet, car jamais je ne me vis en tel état : en voici quelques petites choses, mais non pas tout. Après donc l'oraison du soir, je ne pus sortir avec les autres, et je demeurai au chœur jusqu'au dernier coup du souper dans des pleurs et des gémissements continuels. Je m'en allai faire collation, car c'était la veille de la Présentation, et, m'étant traînée à vive force à la Communauté, je m'y trouvai si fortement pressée de faire ce sacrifice tout haut, en la manière que Dieu me faisait connaître le vouloir de moi que je fus contrainte de sortir pour aller trouver ma Supérieure, qui était malade pour lors. Mais je confesse que j'étais tellement hors de moi, que je me voyais comme une personne qui aurait pieds et mains liés et à qui il ne resterait plus rien de libre en l'intérieur et pour l'extérieur que les larmes que je versais en abondance, pensant qu'elles étaient la seule expressien de ce que je souffrais; car je me voyais comme la plus criminelle du monde, traînée à force de cordes au lieu de mon supplice. Je voyais cette sainteté de Dieu armée des traits de sa juste colère, prête à les lancer pour m'abîmer, ce me semblait, dans cette gueule béante de l'enfer que je voyais ouverte, prête à m'engloutir. Je me sentais brûlée d'un feu dévorant qui me pénétrait jusqu'à la moëlle des os, et tout mon corps [était] dans un tremblement étrange; et [je] ne pouvais dire autre chose, sinon : « Mon [Dieu], ayez pitié de » moi selon la grandeur de vos miséricor- » des. » Et tout le reste du temps, je gémissais sous le poids de ma douleur, sans pouvoir trouver le moyen de me rendre vers ma Supérieure que sur les huit heures, qu'une sœur m'ayant trouvée, me conduisit vers elle; elle fut bien surprise de me voir en cette disposition, laquelle je ne pouvais pour lors exprimer; mais je croyais, par surcroît de peine, que l'on la connaissait en me voyant, ce qui n'était pas. Ma Supérieure qui savait qu'il n'y avait que l'obéissance qui eût tout pouvoir sur cet esprit qui me tenait en cet état, m'ordonna de lui dire ma peine; et aussitôt je lui dis le sacrifice que Dieu voulait que je lui fisse de tout mon être, en présence de la Communauté, et le sujet pourquoi il me le demandait; lequel je n'exprimerai point, crainte de blesser la sainte charité, et en même temps le Cœur de Jésus-Christ, dans lequel cette chère vertu prend naissance : c'est pourquoi il ne veut point qu'on l'intéresse tant soit peu sous quel prétexte que ce puisse être. Enfin, ayant fait et dit ce que mon Souverain désirait de moi, on en parlait et jugeait diversement; mais je laisse toutes ces circonstances à la miséricorde de mon Dieu. Et je puis assurer, ce me semble, que je n'avais jamais tant souffert non pas même quand j'aurais pu rassembler toutes les souffrances que j'avais eues jusqu'alors et toutes celles que j'ai eues depuis; et quand toutes ensembles m'auraient été continuelles jusqu'à sa mort, cela ne me semblerait pas comparable à ce que j'endurai cette nuit, de laquelle Notre Seigneur voulut gratifier sa chétive esclave, pour honorer la nuit douloureuse de sa passion, quoique ce n'en fût qu'un petit échantillon. L'on me traînait de lieu en lieu avec des confusions effroyables.

Cette nuit s'étant donc passée dans les tourments que Dieu connait et sans repos, jusqu'environ la sainte messe, il me semble que j'y entendis ces paroles : « Enfin la paix » est faite, et ma sainteté de justice est satis- » faite, par le sacrifice que tu m'as fait, pour

» rendre hommage à celui que je fis au mo-
» ment de mon incarnation dans le sein de
» ma Mère; le mérite duquel j'ai voulu joindre
» [au tien] et renouveler par celui que tu m'as
» fait, afin de l'appliquer en faveur de la
» charité, comme je te l'ai fait voir. C'est
» pourquoi tu ne dois plus rien prétendre en
» tout ce que tu pourras faire et souffrir, ni
» pour accroissement de mérite, pour satis-
» faction de pénitence ou autrement, tout
» étant sacrifié à ma disposition pour la cha-
» rité. C'est pourquoi, à mon imitation, tu
» agiras et souffriras en silence, sans autre
» intérêt que la gloire de Dieu dans l'établis-
» sement du règne de mon Sacré-Cœur dans
» celui des hommes auxquels je le veux ma-
» nifester par ton moyen. »

Mon Souverain [me] donna ces saints enseignements après l'avoir reçu ; mais il ne me sortit point de mon état souffrant, dans lequel je sentis une paix inaltérable dans l'acceptation de tout ce que je souffrais, et qui m'était montré que je devais souffrir jusqu'au jour du jugement si c'était la volonté de mon Dieu qui ne me fit plus paraître que comme un objet de contradiction, un égout de rebut, de mépris et d'humiliation, lesquels je voyais avec plaisir venir fondre sur moi de toutes parts, et sans recevoir aucune consolation du ciel ni de la terre. Il semblait que tout conspirait à m'anéantir. J'étais continuellement interrogée, et le peu de réponse que l'on tirait de moi comme par force, ne laissait pas de servir d'instrument pour augmenter mon supplice. Je ne pouvais ni manger, ni parler, ni dormir; et tout mon repos et occupation n'était que de demeurer prosternée devant mon Dieu, dont la souveraine grandeur me tenait tout anéantie dans le plus profond abîme de mon néant, toujours pleurant et gémissant pour lui demander miséricorde et détourner les traits de sa juste colère.

L'emploi où j'étais pour lors fournissant de continuelles occupations à mon corps et à mon esprit, me causait un tourment insupportable; d'autant que, nonobstant toutes mes peines, mon souverain Maître ne me permettait pas d'en omettre la moindre, ni [de me] faire dispenser de rien, non plus que de tous les autres devoirs et observances de mes règles, dans lesquels je sentais que la force de sa souveraine puissance me traînait comme une criminelle dans le lieu d'un nouveau supplice car j'en trouvais en tout lieu, et je me trouvais tellement engloutie et absorbée dans ma souffrance, que je ne me sentais plus d'esprit ni de vie que pour voir et sentir ce qui se passait de douloureux à mon égard, mais tout cela ne me causait pas le moindre mouvement d'inquiétude ni de chagrin, bien que parmi toutes ces peines l'on me conduisait toujours par ce qui était le plus opposé à la nature immortifiée et contraire à mes inclinations. L'on s'aperçut que je ne mangeais pas : l'on m'en fit des réprimandes, et ma Supérieure et mon confesseur, lesquels m'ordonnèrent de tout manger ce que l'on me donnerait à table : obéissance qui me semblait bien au-dessus de mes forces; mais celui qui ne m'en laissait pas manquer dans le besoin me donna celle de m'y soumettre et de la faire [sans] excuse ni réplique, bien que je me visse contrainte d'aller rendre après le repas ce que j'avais pris de nourriture. Et comme cela dura fort longtemps, il me causa un si grand dévoiement d'estomac avec beaucoup de douleurs, que je ne pouvais plus rien garder du peu que je prenais, après que l'on eut trouvé bon de me changer [l'obéissance] que j'avais en celle de ne manger que selon que je le pourrais. Et le manger, je l'avoue m'a causé de rudes tourments depuis ce temps là, allant au réfectoire comme à un lieu de supplice auquel le péché m'avait condamnée. Et quelque effort que je me sois fait pour manger indifféremment ce qui m'était présenté, je ne pouvais me défendre de prendre ce que je croyais le moindre, comme le plus conforme à ma pauvreté et mon néant, qui me représentaient continuellement que le pain et l'eau étant suffisant, tout le reste était superflu.

Et pour en revenir à cette disposition souffrante qui ne discontinuait point, et qui s'augmentait toujours par des surcroîts fort sensibles et humiliants, l'on crut que j'étais possédée ou obsédée et l'on me jetait force eau bénite dessus avec des signes de croix, [et] d'autres prières pour chasser le malin esprit. Mais celui dont je me sentais possédée, bien loin de s'enfuir, me serrait tant plus fort à lui, en me disant : « J'aime l'eau bénite et je » chéris si fort la croix, que je ne peux m'em» pêcher de m'unir étroitement à ceux qui la » portent comme moi et pour l'amour de » moi. » Ces paroles rallumèrent tellement dans mon âme le désir de souffrir, que tout ce que je souffrais ne me semblait qu'une petite goutte d'eau, qui allumait plutôt la soif insatiable que je sentais, que de la désaltérer : quoiqu'il me semble pouvoir dire qu'il n'y avait aucune partie de mon être qui n'eût sa souffrance particulière, tant l'esprit que le corps; et cela sans compassion ni consolation, car le diable me livrait de furieux assauts, et mille fois j'aurais succombé si je n'avais senti une puissance extraordinaire qui me soutenait et combattait pour moi, parmi tout ce que je viens de dire. Enfin ma Supérieure ne sachant plus que faire de moi, me fit communier pour demander à Notre Seigneur, par obéissance, de me remettre en ma première disposition. M'étant donc présentée à lui comme son hostie d'immolation, il me dit · « Oui, ma fille, je viens à toi comme souve- » rain Sacrificateur, pour te donner une » nouvelle vigueur, afin de t'immoler à de » nouveaux supplices. » Ce qu'il fit, et je [me trouvai toute tellement changée, que je me sentais comme une esclave à qui l'on vient de redonner la liberté. Mais cela ne dura guère, car l'on recommença à dire que c'était le diable qui était l'auteur de tout ce qui se passait en moi, qu'il me perdrait, si je n'y prenais garde, par ses ruses et illusions

Ce fut ici un terrible coup pour moi qui avais eu toute ma vie crainte d'être trompée et de tromper les autres sans pourtant le vouloir. Ce qui me faisait beaucoup pleurer, car je ne pouvais en aucune façon me retirer de la puissance de cet Esprit souverain qui agissait en moi; et quelque effort que [je] pusse faire, je ne pouvais l'éloigner de moi, ni empêcher ses opérations. Car il s'était tellement emparé de toutes les puissances de mon âme, qu'il me semblait être dans un abîme d'où plus je faisais d'efforts pour sortir, plus je m'y sentais enfoncée, quoique je me servisse de tous les moyens que l'on disait; mais c'était en vain. Et je combattais quelquefois si fort que j'en restais toute épuisée de forces; mais mon Souverain se jouait de tout cela, et me rassurait si fort, qu'il dissipait toutes mes craintes au premier abord, me disant! « Qu'as-tu à craindre « entre les bras du Tout-Puissant? Pourrait- « il bien te laisser périr en t'abandonnant à « tes ennemis, après [que je me suis] rendu « ton père, ton maître et ton gouverneur « dès ta plus tendre jeunesse, en te donnant « de continuelles preuves de l'amoureuse « tendresse de mon divin Cœur, dans lequel « même j'ai établi ta demeure actuelle et « éternelle? Pour plus grande assurance, « dis-moi quelle plus forte preuve tu souhaites « de mon amour, je te la donnerai. Mais « pourquoi combats-tu contre [moi] qui suis « ton seul, vrai et unique ami? »

Ces reproches de ma défiance me jetèrent dans un si grand regret et confusion, que je me proposai dès lors de ne jamais rien contribuer aux épreuves que l'on ferait de l'Esprit qui me conduisait, me contentant d'accepter humblement et de bon cœur tout ce que l'on me voudrait faire.

O mon Seigneur et mon Dieu, qui seul connaissez la peine que je souffre en accomplissant cette obéissance, et la violence qu'il me faut faire pour surmonter la répugnance et confusion que je sens en écrivant tout ceci, accordez-moi la grâce de mourir plutôt que de mettre aucune chose que ce qui vient de la vérité de votre Esprit, et qui vous donnera de la gloire, et à moi de la confusion. Et par miséricorde, ô mon souverain Bien! qu'il ne soit jamais vu de personne que de celui que vous voulez qu'il l'examine, afin que cet écrit ne m'empêche pas de demeurer ensevelie dans un éternel mépris et oubli des créatures.

O mon [Dieu]! donnez cette consolation à votre pauvre chétive esclave. En même temps ma demande reçut cette réponse :

« Abandonne tout à mon bon plaisir et me
» laisse accomplir mes desseins, sans te mêler
» de rien, car j'aurai soin de tout. »

Je vais donc poursuivre par obéissance, ô mon Dieu! sans autre prétention que de vous contenter par cette espèce de martyre que je souffre en faisant cet écrit dont chaque mot me semble un sacrifice; mais en puissiez-vous être glorifié éternellement! [Voici] comme il m'a manifesté sa volonté en cet écrit : c'est que comme je me suis toujours sentie portée à aimer mon souverain Seigneur pour l'amour de lui-même, ne voulant ni ne désirant que lui seul, je ne me suis jamais attachée à ses dons, plus grands qu'ils fussent à mon égard; et ne les prisais que parce qu'ils venaient de lui; et je n'y faisais que le moins de réflexions que je pouvais, tâchant de tout oublier pour ne me souvenir que de lui, hors duquel tout le reste ne m'est rien. Et quand donc il a fallu accomplir cette obéissance, je croyais m'être impossible de pouvoir parler de ces choses passées depuis tant de temps; mais il m'a bien fait voir le contraire. Car pour me donner facilité, il me fait ressentir sur chaque article la même disposition dont je parle. C'est ce qui me convainc qu'il le veut.

Parmi les peines et craintes que je souffrais, je sentais toujours mon cœur dans une paix inaltérable; et l'on me fit parler à quelques personnes de doctrine, lesquelles, bien

loin de me rassurer dans ma vo augmen-
tèrent encore plus mes peines 'à tant
que Notre-Seigneur renvoya de La
Colombière, auquel j'avais dé mon
commencement, que mon sou aître
me promit quelque temps après e con-
sacrée à lui; qu'il m'enverrait un servi-
teur, auquel il voulait que je m..nifestasse
selon l'intelligence qu'il m'en donnerait, tous
les trésors et secrets de son sacré Cœur
qu'il m'avait confiés parcequ'il me l'envoyait
pour le rassurer dans sa voie et pour lui dé-
partir de grandes grâces dans son sacré
Cœur, qui les répandrait abondamment dans
nos entretiens.

Et lorsque ce saint homme vint ici, comme il parlait à la Communauté, j'entendis intérieurement ces paroles : « Voilà celui que je » t'envoie. » Ce que je reconnus bientôt dans la première confession des quatre-temps; car sans que nous nous fussions jamais vus ni parlé; il me retint fort longtemps, et me parlait comme s'il eût compris ce qui se passait en moi. Mais je ne lui voulus faire aucune ouverture de cœur pour cette fois; et comme il vit que je me voulais retirer crainte [d'incommoder] la Communauté, il me dit si j'agréerais qu'il me vint [voir] une autre fois, pour me parler dans ce même lieu. Mais mon naturel timide qui craignait toutes ces communications, fit que je lui répondis, que n'étant pas à moi, je ferais tout ce que l'obéissance m'ordonnerait. Je me retirai après y avoir demeuré environ une heure et demie. Peu de temps après il revint, et encore que je connaissais être la volonté de Dieu que je lui parlasse, je ne laissai pas de sentir des répugnances effroyables lorsqu'il fallut y aller : ce que je lui dis d'abord. Mais il me répondit qu'il était bien aise de m'avoir donné occasion de faire un sacrifice à Dieu. Et alors, sans peine ni façon je lui ouvris mon cœur et lui découvris le fond de mon âme, tant le mal que le bien. Sur quoi il me donna de très grandes consolations, en m'assurant qu'il n'y avait rien à craindre en la conduite de cet Esprit; d'autant qu'il ne me retirait point de l'obéissance; que je devais suivre tous ses mouvements en lui abandonnant tout mon être, pour me sacrifier et immoler son bon plaisir. Admirant la grande bonté de notre Dieu, de ne s'être point rebuté parmi tant de résistance, il m'apprit à estimer les dons de Dieu et à recevoir avec respect et humilité les fréquentes communications et familiers entretiens dont il me gratifiait, dont je devais être en de continuelles actions de grâces envers une si grande bonté. Et comme je lui cût fait entendre que ce souverain de mon âme me poursuivait de si près, sans exception de temps ni de lieu, que je ne pouvais prier vocalement à quoi je me faisais de si grandes violences, que j'en demeurais quelquefois la bouche ouverte sans pouvoir prononcer aucune parole, surtout en disant le rosaire, il me dit de ne [le] plus faire et que je me devais contenter de ce qui m'était d'obligation, y ajoutant le chapelet lorsque je le pourrais. Et lui ayant dit quelque chose des plus spéciales caresses d'union d'amour que je recevais de ce Bien-Aimé de mon âme, et que je ne décris pas ici, il me dit que j'avais grand sujet en tout cela de m'humilier, et lui d'admirer les grandes miséricordes de Dieu à mon égard.

Mais cette bonté infinie ne voulait pas que je reçusse aucune consolation, sans qu'elle me coutât bien des humiliations. Cette communication [m'en] attira un grand nombre, et [le Père] lui-même eut beaucoup à souffrir à cause de moi. Car l'on disait que je voulais [le] décevoir par mes illusions, et le tromper comme les autres, mais cela ne lui faisait nulle peine, et [il] ne laissait pas de me continuer [son secours] le peu de temps qu'il demeura en cette ville et toujours. Et je me suis cent fois étonnée comme il ne m'abandonnait pas aussi lorsque les autres; car la manière dont je traitais avec lui aurait rebuté tout autre, bien qu'il n'épargnât rien pour m'humilier, à mortifier ce qui me faisait un grand plaisir.

Une fois qu'il vint dire la sainte messe à notre église, Notre Seigneur lui fit de très-grandes grâces et à moi aussi. Car lorsque je m'approchai pour le recevoir par la sainte Communion, il me montra son Sacré-Cœur comme une ardente fournaise, et deux autres [cœurs] qui s'y allaient unir et abîmer, me disant. « C'est ainsi que mon pur amour unit ces trois cœurs pour toujours. »

Et après il me fit entendre que cette union était toute pour la gloire de son Sacré-Cœur dont il voulait que je découvrisse [au Père] les trésors afin qu'il en fit connaître et en publiât le prix et l'utilité; et que pour cela il voulait que nous fussions frère et sœur, également partagés de biens spirituels. Et lui représentant là-dessus ma pauvreté et l'inégalité qu'il y avait entre un homme de si grande vertu, et mérité, et une pauvre chétive pécheresse comme moi, il me dit : « Les » richesses infinies de mon cœur suppléeront

» et égaleront tout. [Parle]-lui seulement sans » craindre. » Ce que je fis à notre premier entretien. Et la manière d'humilité et d'actions de grâces avec laquelle il le reçut, avec plusieurs autres choses que je lui dis de la part de mon souverain Maître, en ce qui le concernait me toucha [grandement], et me profita plus que tous les sermons que j'aurais pu entendre.

Et comme je lui eus dit que Notre-Seigneur ne me départait ces grâces qu'afin qu'il fut glorifié dans les âmes auxquelles je les distribuerais, selon qu'il me ferait connaître le désir, soit de parole ou d'écrit, sans me mettre en peine de ce que je dirais ou écrirais, parce qu'il y attacherait l'onction de sa grâce, pour produire l'effet qu'il en prétendait dans ceux qui le recevraient bien et que je souffrirais beaucoup dans la résistance que je faisais d'écrire et de donner certains billets à des personnes dont il me revenait de grandes humiliations, il m'ordonna que quelque peine ou humiliation que j'en dusse souffrir, il ne fallait jamais désister de suivre les saints mouvements de cet Esprit, disant simplement ce qu'il m'inspirait; [et] lorsque j'aurais écrit, il fallait présenter à ma Supérieure le billet, et puis en faire ce qu'elle m'ordonnerait : ce que je faisais. Mais cela m'a bien attiré des objections de la part des créatures. Il me commanda aussi d'écrire ce qui se passait en moi, à quoi je sentais une répugnance mortelle. Car j'écrivais pour obéir, et puis je le brûlais, croyant que j'avais suffisamment satisfait à l'obéissance. Mais j'en souffrais beaucoup, et on me donna scrupule et défense de le plus faire.

VII

TESTAMENT. — LA DÉVOTION AU SACRÉ-CŒUR.

Une fois mon souverain Sacrificateur me demanda de faire en sa faveur un testament par écrit, ou donation entière et sans réserve, comme je lui avais déjà faite de bouche, de tout ce que je pourrais faire et souffrir, et de toutes les prières et biens spirituels que l'on ferait pour moi, soit pendant ma vie, soit après ma mort. [Il] me fit demander à ma Supérieure si elle voulait servir de notaire en cet acte, qu'il se chargeait de payer solidement, et que si elle refusait, je m'adressasse à son serviteur, le Père de La Colombière.

Mais ma Supérieure le voulait faire; et l'ayant présenté à cet unique amour de mon âme, il m'en témoigna un grand agrément, et me dit que c'était qu'il en voulait disposer selon ses desseins et en faveur de qui il lui plairait; mais puisque son amour m'avait dépouillée de tout, il ne voulait plus que j'eusse d'autres richesses que celles de son Sacré-Cœur. Il [m'en] fit une donation à l'heure même, me la faisant écrire de mon sang, selon qu'il le dictait, et puis je la signai sur mon cœur avec un canif [à l'aide] duquel j'y écrivis son sacré nom de Jésus. Après quoi il me dit qu'il aurait soin de récompenser au centuple tous les biens que l'on me ferait, comme faits pour lui-même puisque je n'avais plus rien à y prétendre; et que, pour celle qui avait dressé ce testament en sa faveur, il lui voulait donner la même récompense qu'à sainte Claire de Montefalco, et que pour cela il] ajouterait à ses actions les mérites infinis des siennes, et par l'amour de son Sacré-Cœur, il lui ferait mériter la même couronne. Ce qui me donna une grande consolation, parce que je l'aimais beaucoup à cause qu'elle nourrissait mon âme abondamment du pain délicieux de la mortification et humiliation, qui était si agréable au goût de mon souverain Maître, que, pour lui donner ce plaisir, j'aurais voulu que tout le monde s'en fût mêlé. Aussi mon Dieu me faisait-il cette grâce que jamais il ne [me] manquait, ma vie s'étant toute passée parmi les souffrances du corps, par mes fréquentes maladies et continuelles infirmités. En outre, mon esprit souffrait par des dérélictions, délaissements, et de voir offenser Dieu, lequel par sa bonté me soutenait toujours, soit parmi les persécutions, contradictions et humiliations que je recevais de la part des créatures, soit dans les tentations de la part du démon, lequel m'a beaucoup tourmenté et persécuté; et aussi de la part de moi-même qui ai été le plus cruel ennemi que j'ai eu à combattre, et le plus difficile à vaincre. Car parmi tout ce que je viens de dire, on ne laissait pas de me donner de l'occupation et du travail extérieur [autant] que j'en pouvais porter; [et] ce qui ne m'était pas une petite peine dans celle que je souffrais, [c'était] de croire que j'étais en horreur à toutes les créatures, et qu'elles avaient grande peine à me supporter, en ayant beaucoup à souffrir de moi-même. Tout cela me donnait une continuelle peine en conversant avec le prochain, et [je] n'avais d'autre recours ni remède que l'amour à mon abjection, où je me tenais abîmée avec grand sujet, car tout me retournait en humiliation, même les moindres actions.

L'on ne me regardait que comme une visionnaire, entêtée de ses illusions et imaginations; et, parmi tout cela, il ne m'était pas permis de chercher le moindre soulagement ni consolation dans mes peines; car mon divin Maître me le défendait. Il voulait que je souffrisse tout en silence, en ayant fait prendre cette devise :

Je veux tout souffrir sans me plaindre,
Puisque mon pur amour m'empêche de rien
[craindre]

Il voulait que j'attendisse tout de lui; et s'il arrivait que je me voulusse procurer quelque consolation, il ne me faisait rencontrer que de la désolation et de nouveaux tourments pour tout soulagement : ce que j'ai toujours regardé comme une des plus grandes grâces que mon Dieu m'ait faites, avec celle de ne me pas ôter ce précieux trésor de la croix, nonobstant le mauvais usage que j'en ai toujours fait, qui me rendait si indigne d'un si grand bien, pour lequel je me serais voulu fondre d'amour, de reconnaissance et d'action de grâce envers mon libérateur.

C'était dans ces sentiments et parmi les délices de la croix que je disais : « Que

» rendrai-je au Seigneur pour les grands
» biens qu'il m'a faits? O mon Dieu! que
» vos bontés sont grandes à mon égard de
» vouloir bien me faire manger à la table des
» Saints, et ces mêmes viandes dont vous les
» avez substantés : me nourrissant avec
» abondance des mets délicieux de vos favoris
» et plus fidèles amis, moi qui ne suis qu'une
» indigne et misérable pécheresse. »

Aussi savez-vous bien que sans le Saint Sacrement et la croix je ne pourrais pas vivre et supporter la longueur de mon exil, dans cette vallée de larmes où je ne souhaitais jamais la diminution de mes souffrances. Car, plus mon corps en était accablé. plus mon esprit sentait de joie et avait de liberté pour s'occuper et s'unir avec mon Jésus souffrant, n'ayant de plus ardent désir que de me rendre une véritable et parfaite copie et représentation de mon Jésus crucifié. Ce qui me réjouissait, c'est quand sa souveraine bonté employait une multitude d'ouvriers pour travailler selon son gré à l'accomplissement de cet ouvrage. Mais ce Souverain ne s'éloignait pas de son indigne victime dont il savait bien la faiblesse et l'impuissance à tout bien; et quelquefois il me disait : « Je te » fais bien de l'honneur, ma chère fille de me

» servir d'instruments si nobles pour te cru-
» cifier. Mon Père éternel m'a livré entre les
» mains cruelles des impitoyables bourreaux
» pour me crucifier : et moi, je me [sers] pour
» cet effet à ton égard de personnes qui me
» [sont] dévouées et consacrées, et au pouvoir
» desquelles je t'ai livrée, et pour le salut
» desquelles je veux que tu m'offres tout ce
» qu'elles te [feront] souffrir. » Ce que je faisais de tout mon cœur, en m'offrant toujours de porter toute la peine du châtiment de l'offense de Dieu que l'on pourrait faire à mon égard, quoiqu'en vérité il ne me semblait pas qu'on pût faire aucune injustice en me faisant souffrir, ne le pouvant autant faire que je le mérite. Mais j'avoue que je me délecte si fort en parlant du bonheur de souffrir, qu'il me semble que j'en écrivais des volumes entiers, sans pouvoir contenter mon désir. Et mon amour-propre se satisfait beaucoup en ces sortes de discours.

Une fois mon Souverain me fit entendre qu'il me voulait retirer dans la solitude, non dans celle d'un désert comme lui, mais dans celle de son Sacré-Cœur, où il me voulait honorer de ses plus familiers entretiens; et que là il me donnerait de nouveaux enseignements de ses volontés, et me ferait prendre de nouvelles forces pour les accomplir en combattant courageusement jusqu'à la mort, ayant encore à soutenir les attaques de plusieurs puissants ennemis; et que c'était pourquoi il me demandait que pour honorer son jeûne au désert, il me fallait jeûner cinquante jours au pain et à l'eau. Mais l'obéissance ne me l'ayant voulu permettre, crainte de me rendre singulière, il me fit entendre qu'il aurait autant agréable si je passais cinquante jours sans boire, pour honorer l'ardente soif que son sacré [Cœur] avait toujours endurée du salut des pécheurs et celle qu'il avait soufferte sur l'arbre de la croix. L'on m'accorda cette pénitence, qui me sembla être plus rude que l'autre pour la grande altération dont j'étais continuellement tourmentée, laquelle me donnait nécessité de boire souvent de grandes tasses d'eau pour me rafraîchir.

Je souffris pendant ce temps-là de rudes combats de la part du démon, qui m'attaquait particulièrement sur le désespoir, me faisant voir qu'une aussi méchante créature que moi ne devait point prétendre de part dans le Paradis, puisque je n'en avais déjà point dans l'amour de mon Dieu, duquel je serais privée pour une éternité. Cela me faisait verser des torrents de larmes.

D'autrefois il m'attaquait de vaine gloire, et puis de cette abominable tentation de gourmandise : me faisant sentir des faims effroyables : et puis il me représentait tout ce qui est capable de contenter le goût, et cela dans le temps de mes exercices [spirituels,] ce qui m'était un tourment étrange. Et cette faim me durait jusqu'à ce que j'entrais au réfectoire pour prendre ma réfection, dont je me sentais d'abord dans un dégoût si grand, qu'il me fallait faire une grande violence pour prendre quelque peu de nourriture. Et d'abord que j'étais sortie de table, ma faim recommençait plus violente qu'auparavant. Ma Supérieure à qui je ne cachais rien de ce qui se passait en moi, pour la grande crainte que j'ai toujours eue d'être trompée, m'ordonna de lui aller demander à manger lorsque je me sentirais le plus pressée de la faim ce que je faisais avec des violences extrêmes, par la grande confusion que je sentais.

Et au lieu de m'envoyer manger, elle me mortifiait et humiliait fortement là-dessus, en me disant que je garderais ma faim pour la contenter lorsque les autres iraient au réfectoire. Après je demeurais en paix dans ma souffrance. Et on ne me laissa pas achever cette fois-là ma pénitence du boire ; mais après que j'eus obéi l'on me fit recommencer; et je passais les cinquante jours sans boire, et de même je passais les vendredis.

Je [me] trouvais toujours également contente, soit que l'on m'accordât ou refusât ce que je demandais; pourvu que j'obéisse, cela me suffisait.

Mon persécuteur ne cessait de m'attaquer de toutes parts, à la réserve de l'impureté, dont mon divin Maître lui avait défendu [de me tenter], quoiqu'une fois il me fît souffrir des peines épouvantables et voici comment : C'est que ma Supérieure me dit : « Allez te-» nir la place de notre roi devant le Saint » Sacrement. »

Et y étant, je me sentis si fortement attaquée d'abominables tentations d'impuretés qu'il me semblait être déjà dans l'enfer. Je soutins cette peine plusieurs heures de suite, et elle me dura jusqu'à ce que ma Supérieure m'eût levé cette obéissance, en me disant que je ne me tiendrais plus en la personne de notre Roi, devant le Saint Sacrement; mais en celle d'une bonne religieuse de la Visitation. Aussitôt mes peines cessèrent là-dessus. Et [je] me trouvais noyée dans un déluge de consolations, où mon Souverain me donna les enseignements de ce qu'il souhaitait de moi. Il voulait que je fusse dans un continuel acte de sacrifices; et [il me dit] que pour cela il augmenterait mes sensibilités et mes répugnances, en telle sorte que je ne ferais rien qu'avec peine et violence, pour me donner manière de victoire, même dans les choses les plus minces et indifférentes.

Ce que je puis assurer avoir toujours éprouvé depuis. [Il ajouta] de plus, que je ne goûterais plus aucune douceur que dans les amertumes du Calvaire, et qu'il me ferait trouver un martyre de souffrance dans tout ce qui pourait composer la joie, le plaisir et la félicité temporelle des autres. Ce qu'il m'a fait éprouver d'une manière très sensible, puisque tout ce qui [se] peut nommer plaisir, me devient un supplice. Car, même dans ces récréations que l'on donne quelquefois, je souffrais plus que si j'avais été dans l'ardeur de la plus violente fièvre, quoiqu'il voulût que je [fisse] tout comme les autres. Ce qui me faisait dire : « O mon souverain bien! que ce plaisir m'est cher vendu! » Le réfectoire, le lit me faisaient tant de peine, que la seule approche me faisait gémir et verser des larmes. Mais les emplois et le parloir m'étaient du tout insupportables; et jamais que je me souvienne je n'y suis allée qu'avec des répu-

gnances que je ne pouvais surmonter qu'avec de grandes violences : ce qui me faisait souvent mettre à genoux pour demander à Dieu la force de me vaincre. L'écriture ne m'était pas moins pénible, non tant de ce que je la faisais à genoux, comme de l'autre peine que j'y sentais. L'estime, les louanges et les applaudissements me faisaient plus souffrir que toutes les humiliations, mépris et abjections n'auraient pu faire aux personnes les plus vaines et ambitieuses de l'honneur, ce qui me faisait dire dans les occasions : « O mon Dieu !
» Armez plutôt toutes les fureurs de l'enfer
» contre moi, que les langues des créatures
» de vaines louanges, flatteries, ou applau-
» dissements ; que plutôt toutes les humilia-
» tions, douleurs, contradictions et confusions
» viennent fondre sur moi. »

Il m'en donnait une soif insatiable ; quoiqu'il me les fit sentir si vivement dans les occasions, que je ne pouvais m'empêcher d'en donner parfois des marques : [et il] m'était insupportable de me voir si peu humble et mortifiée, que je ne pouvais souffrir sans qu'on s'en aperçût ; et toute ma consolation était de recourir à l'amour de mon abjection, qui me faisait rendre grâce à mon Souverain de ce qu'il me faisait paraître telle que j'étais afin de m'anéantir dans l'estime des créatures. De plus, il voulait que je reçusse toutes choses comme venant de lui, sans me rien procurer; et [il me fallait] lui tout abandonner sans disposer de rien; lui rendre grâce des souffrances comme de la jouissance; et dans les occasions les plus douloureuses et humiliantes, penser que cela m'était dû et encore plus et offrir la peine que je souffrais pour les personnes qui m'affligeaient; parler toujours de lui avec grand respect, du prochain avec estime et compassion, et jamais de moi-même, ou courtement, [ou] avec mépris, sinon, lorsque, pour sa gloire, il me ferait faire autrement; attribuer toujours tout le bien à sa souveraine grandeur, et à moi tout le mal; ne chercher aucune consolation hors de lui, encore fallait-il, lorsqu'il m'en donnerait, les sacrifier en y renonçant; ne tenir à rien; être vide et dépouillée de tout; n'aimer rien que lui, en lui et pour lui; ne regarder que lui en toutes choses et les intérêts de sa gloire dans un parfait oubli de moi-même. Et quoique [je] devais faire toutes mes actions pour lui, il voulait qu'en chacune d'icelles, il y eût toujours quelque chose directement pour son divin cœur. Comme, par exemple, lorsque j'étais en récréation, il fallait lui donner la sienne, par les douleurs, humiliations, mortifications et autres dont il aurait soin de ne me pas laisser manquer, lesquelles je devais recevoir avec plaisir pour ce sujet.

Et de même au réfectoire il voulait que je lui sacrifiasse pour sa régale ce que je pensais être le meilleur, et ainsi de tous mes autres exercices. De plus il me défendait de ne jamais juger, accuser, ni condamner que moi-même. Il me donna plusieurs autres enseignements, et comme leur multitude m'étonnait, il me dit, que je ne devais rien craindre, d'autant qu'il était un bon maître, aussi puissant pour faire faire ce qu'il enseignait que savant pour bien enseigner et gouverner. Aussi puis-je assurer que bon gré ou malgré les répugnances naturelles il me faisait faire ce qu'il voulait.

Etant une fois devant le saint Sacrement, un jour de son Octave, je reçus de mon Dieu des grâces excessives de son amour, et me sentis touchée du désir de quelque retour, et de lui rendre amour pour amour ; il me dit : « Tu ne m'en peux rendre un plus grand, qu'en faisant ce que je t'ai déjà tant de fois demandé. » Alors me découvrant son divin cœur : « Voilà ce cœur qui a tant aimé les » hommes, qu'il n'a rien épargné jusqu'à s'é-

» puiser et se consommer pour leur témoi-
» gner son amour; et pour reconnaissance,
» je ne reçois de la plupart que des ingrati-
» tudes, par leurs irrévérences et leurs sacri-
» lèges, et par les froideurs et les mépris qu'ils
» ont pour moi dans ce sacrement d'amour.
» Mais ce qui m'est encore le plus sensible
» est que ce sont des cœurs qui me sont con-
» sacrés, qui en usent ainsi. C'est pour cela
» que je te demande que le premier vendredi
» d'après l'Octave du saint Sacrement soit dé-
» dié à une fête particulière pour honorer
» mon Cœur, en communiant ce jour-là, et
» en lui faisant réparation d'honneur par une
» amende honorable, pour réparer les indi-
» gnités qu'il a reçues pendant qu'il a été ex-
» posé sur les autels. Je te promets aussi que
» mon cœur se dilatera pour répandre avec
» abondance les influences de son divin amour
» sur ceux qui lui rendront cet honneur et
» qui procureront qu'il lui soit rendu. » Et ré-
pondant à cela que je ne savais comme pou-
voir accomplir ce qu'il désirait de moi depuis
tant de temps, il me dit de m'adresser à son
serviteur qu'il m'avait envoyé pour l'accom-
plissement de ce dessein. Et l'ayant fait, il
m'ordonna de mettre par écrit ce que je lui
avais (dit) touchant le Sacré Cœur de Jésus-

Et de même au réfectoire il voulait que je lui sacrifiasse pour sa régale ce que je pensais être le meilleur, et ainsi de tous mes autres exercices. De plus il me défendait de ne jamais payer, accuser, ni condamner que moi-même. Il me donna plusieurs autres enseignements, et comme leur multitude m'étonnait, il me dit, que je ne devais rien craindre, d'autant qu'il était un bon maître, aussi puissant pour faire faire ce qu'il enseignait que savant pour bien enseigner et gouverner. Aussi puis-je assurer, que bon gré ou malgré les répugnances naturelles, il me faisait faire ce qu'il voulait.

Etant une fois devant le Saint Sacrement, un jour de son Octave, je reçus de mon Dieu des grâces excessives de son amour, et me sentis touchée du désir de quelque retour, et de lui rendre amour pour amour ; il me dit : « Tu ne m'en peux rendre un plus grand, qu'en faisant ce que je t'ai déjà tant de fois demandé. » Alors me découvrant son divin cœur : « Voilà ce cœur qui a tant aimé les » hommes, qu'il n'a rien épargné jusqu'à s'é» puiser et se consommer pour leur témoi» gner son amour ; et pour reconnaissance, » je ne reçois de la plupart que des ingrati» tudes, par leurs irrévérences, leurs sa-

» crilèges, par les froideurs et les mépris
» qu'ils ont pour moi dans ce Sacrement d'a-
» mour. Mais ce qui m'est encore le plus sen-
» sible est que ce sont des cœurs qui me sont
» consacrés, qui en usent ainsi. C'est pour
» celà que je te demande que le premier ven-
» dredi d'après l'Octave du Saint-Sacrement
» soit dédié à une fête particulière pour ho-
» norer mon Cœur, en communiant ce jour-
» là, et en lui faisant réparation d'honneur
» par une amende honorable pour réparer les
» indignités qu'il a reçues pendant qu'il a été
» exposé sur les autels. Je te promets aussi
» que mon cœur se dilatera pour répandre
» avec abondance les influences de son divin
» amour sur ceux qui lui rendront cet honneur
» et qui procureront qu'il lui soit rendu. » Et
répondant à cela que je ne savais comme pou-
voir accomplir ce qu'il désirait de moi depuis
tant de temps, il me dit de m'adresser à son
serviteur qu'il m'avait envoyé pour l'accom-
plissement de ce dessein. Et l'ayant fait, il
m'ordonna de mettre par écrit ce que je lui
avais [dit] touchant le Sacré Cœur de Jésus-
Christ, et plusieurs autres choses qui le re-
gardaient pour la gloire de Dieu, lequel me
fit trouver beaucoup de consolations dans ce
saint homme, tant pour m'apprendre à cor-

respondre à ses desseins que pour me rassurer dans les grandes craintes d'être trompée qui me faisaient gémir sans cesse. Le Seigneur l'ayant retiré de cette ville pour l'employer à la conversion des infidèles, je reçus ce coup avec une entière soumission à la volonté de Dieu, qui me l'avait rendu si utile dans le peu de temps qu'il avait été ici. Et lorsque seulement je voulus réfléchir, il me fit d'abord ce reproche : « Eh quoi ! ne te » suffis-je pas, moi qui suis ton principe et ta » fin ? »

Il ne m'en fallut pas davantage pour lui tout abandonner, puisque j'étais assurée qu'il aurait soin de me pourvoir de tout ce qui me serait nécessaire.

VIII

PREMIERS HOMMAGES RENDUS AU SACRÉ-CŒUR. SOUFFRANCES ET FAVEURS.

Mais je ne trouvais encore point de moyen de faire éclore la dévotion du Sacré-Cœur qui était tout ce que je respirais. Voici la première occasion que sa bonté m'en fournit. C'est que sainte Marguerite s'étant trouvée un vendredi, je priai nos Sœurs novices dont j'avais le soin, pour lors, que tous les petits honneurs qu'elles avaient dessein de me rendre en faveur de ma fête, elles les fissent au Sacré-Cœur de Notre-Seigneur Jésus-Christ. Ce qu'elles firent de bon cœur, en faisant un petit autel, sur lequel elles mirent une petite image de papier crayonnée avec une plume, à laquelle nous tâchâmes de rendre tous les hommages que ce divin Cœur nous suggéra. Ce qui m'attira, et à elles aussi, beaucoup d'humiliations et de mortifications, d'autant que l'on m'accusait de vouloir introduire une dévotion nouvelle.

Toutes ces souffrances m'étaient une grande consolation, et je ne craignais rien tant, si non que ce divin Cœur ne fut déshonoré. Car tout ce que j'en entendais dire, m'était autant de glaives qui me transperçaient le cœur. L'on me défendit de ne plus mettre aucune des images de ce sacré-Cœur en évidence, et que tout ce qu'on me pouvait permettre, c'était de lui rendre quelque honneur secret. Je ne savais à qui m'adresser dans mon affliction qu'à lui-même, lequel soutenait toujours mon courage abattu, en me disant sans cesse : « Ne crains rien, je « règnerai, malgré mes ennemis et tous ceux qui s'y voudront opposer. » Ce qui me consolait beaucoup, puisque je ne désirais que de le voir régner. Je lui remis donc le soin de défendre sa cause pendant que je souffrirais en silence. Mais il s'éleva tant d'autres sortes de persécutions qu'il semblait que tout l'enfer fut déchaîné contre moi, et que tout conspirait pour m'anéantir. Cependant je confesse que jamais je ne jouis d'une plus grande paix au dedans de moi-même, ni je n'avais senti tant de joie que lorsque l'on me menaçait de la prison et que l'on me voulut faire paraître devant un prince de la terre, comme un jouet de moquerie et une visionnaire, entêtée par son imagination de ses vaines illusions. Ce que je ne dis pas pour faire croire que j'ai beaucoup souffert, mais plutôt pour découvrir les grandes miséricordes de mon Dieu envers moi, qui n'estimais et ne chérissais rien tant que la part qu'il me faisait de sa croix, laquelle m'était un mets si délicieux que jamais je ne m'en ennuyais.

S'il m'avait été libre de communier souvent, j'aurais eu mon cœur content; une fois que je le désirais ardemment, mon Divin Maître se présenta devant moi, comme j'étais chargée de balayures, il me dit: « Ma fille, j'ai vu » tes gémissements, et les désirs de ton cœur » me sont si agréables, que si je n'avais pas » institué mon divin Sacrement d'amour, je » l'instituerais pour l'amour de toi, pour avoir » le plaisir de loger dans ton âme, et prendre » mon repos d'amour dans ton cœur. « Ce qui me pénétra d'une si vive ardeur, que j'en sentais mon âme toute transportée et je ne pouvais m'exprimer que par ces paroles; « O

» Amour! O excès de l'amour d'un Dieu en-
» vers une si misérable créature.» Et toute ma vie, cela m'a servi d'un puissant aiguillon pour m'exciter à la reconnaissance de ce pur amour.

Une autre fois, comme j'étais devant le Saint-Sacrement le jour de sa fête, tout d'un coup il se présenta devant moi une personne toute en feu, dont les ardeurs me pénétrèrent si fort, qu'il me semblait que je brulais avec elle. L'état pitoyable où elle me fit voir qu'elle était en Purgatoire, me fit verser abondance de larmes. Elle me dit qu'elle était ce religieux bénédictin qui avait reçu ma confession une fois, et qu'il m'avait ordonné de faire la sainte communion en faveur de laquelle Dieu lui avait permis de s'adresser à moi pour lui donner du soulagement dans ses peines.

[Il] me demandait, pendant trois mois, tout ce que je pourrais faire et souffrir ; ce que lui ayant promis, après en avoir demandé la permission à ma Supérieure, il me dit que le sujet de ses souffrances, était [d'abord] qu'il avait préféré son propre intérêt à la gloire de Dieu, par trop d'attache à sa réputation ; le second était le manquement de charité envers ses frères ; et le troisième le trop d'affection naturelle qu'il avait eue pour les créatures, et le trop de témoignages qu'il leur en avait donné dans les entretiens spirituels, ce qui déplaisait beaucoup à Dieu.

Mais il me serait bien difficile de pouvoir exprimer ce que j'eus à souffrir pendant ces trois mois. Car il ne me quittait point, et du côté où il était il me semblait le voir tout en feu, mais avec de si vives douleurs que j'étais obligée] d'en gémir et pleurer presque continuellement.

Et ma Supérieur touchée de compassion m'ordonnait de bonnes pénitences, surtout des disciplines ; car les peines et souffrances extérieures que l'on me faisait souffrir par charité, soulageaient beaucoup les autres que cette sainteté d'amour exprimait en moi comme un petit échantillon de ce qu'elle fait souffrir à ces pauvres âmes. Et au bout de trois mois, je le vis d'une bien autre manière : tout comblé de joie et de gloire il s'en allait jouir de son bonheur éternel ; et, en me remerciant il me dit qu'il me protégerait devant Dieu.

J'étais tombée malade, et comme ma souffrance cessa avec la sienne je fus bientôt guérie.

Mon Souverain m'ayant fait connaître que lorsqu'il voudrait abandonner quelqu'une de ces âmes pour lesquelles il voulait que je souffrisse, il me ferait porter l'état [d'une âme reprouvée, en me faisant sentir la désolation où elle se trouve à l'heure de la mort, je n'ai jamais rien éprouvé de plus terrible, n'ayant point de termes pour m'en pouvoir expliquer. Car une fois, comme je travaillais seule, il fut mis devant moi une religieuse encore vivante alors et l'on me dit intelligiblement : « Tiens, voilà cette religieuse de nom seule-« ment, laquelle je suis prêt à vomir de mon « cœur, et à abandonner à elle-même. » En même temps je me sentis saisie d'une frayeur si grande que m'étant prosternée la face contre terre, j'y demeurai longtemps, n'en pouvant revenir ; et je m'offris en même [temps] à la divine justice pour souffrir tout ce qui lui plairait, afin qu'il ne l'abandonnât pas. Et il me sembla qu'alors, sa juste colère s'étant tournée contre moi, je me trouvai dans une effroyable angoisse et désolation de toutes parts ; car je me sentais un poids accablant sur les épaules. Si je voulais lever les yeux, je voyais un Dieu irrité contre moi et armé de verges et de fouets, prêt à fondre sur moi ; d'autre part, il me semblait voir l'enfer ouvert pour m'engloutir. Tout était révolté et en confusion dans mon intérieur. Mon en-

nemi m'assiégeait de toutes parts par de violentes tentations, surtout de désespoir, et je fuyais partout celui qui me poursuivait, et aux yeux duquel je ne pouvais me cacher ; car il n'y a sortes de tourments auxquels je ne me fusse livrée pour cela. Je souffrais des confusions épouvantables de ce que je pensais que mes peines étaient connues de tout le monde. Je ne pouvais même prier, ni m'exprimer de mes peines que par mes larmes, en disant seulement : « Ah ! qu'il est terrible de tomber entre les mains d'un Dieu vivant. » Et d'autres fois, me jetant la face contre terre, je disais : « Frappez, mon Dieu ! coupez, brulez, consu-
« mez tout ce qui vous déplait et n'épargnez
« ni mon corps, ni ma vie, ni ma chair, ni
« mon sang, pourvu que vous sauviez éter-
« nellement mon âme. »

Je confesse que je n'aurais pas tenu longtemps un état si douloureux, si son amoureuse miséricorde ne m'avait soutenue sous les rigueurs de sa justice. Aussi je tombai malade et j'eus peine d'en revenir.

[Mon Souverain] m'a fait porter souvent ces dispositions douloureuses, parmi lesquelles m'ayant une fois montré les châtiments qu'il voulait exercer sur quelques âmes, je me jetai à ses pieds sacrés en lui disant :

» O mon Sauveur ! déchargez sur moi
» toute votre colère et m'effacez du livre
» de vie, plutôt que de perdre ces âmes
» qui vous ont coûté si cher. » — Et il me
» répondit : Mais elles ne t'aiment pas et
» ne cesseront de t'affliger. » — « Il n'im-
» porte ! mon Dieu, pourvu qu'elles vous
» aiment, je ne veux cesser de vous prier
» de leur pardonner. » — Laisse-moi faire ;
» je ne les peux souffrir davantage. » — Et
l'embrassant encore plus fortement : « Non,
» mon Seigneur, je ne vous quitterai point
» que vous ne leur ayez pardonné. » — Et il
me disait : « Je le veux bien, si tu veux ré-
» pondre pour elles. » — « Oui, mon Dieu :
» mais je ne vous paierai toujours qu'avec
» vos propres biens qui sont les trésors de
» votre Sacré-Cœur. » — C'est de quoi il se
tint content.

Et une autre fois comme l'on travaillait à l'ouvrage commun du chanvre, je me retirai dans une petite cour proche du Saint-Sacrement, en faisant mon ouvrage à genoux, je me sentis d'abord toute recueillie intérieurement et extérieurement, et [il] me fut en même temps représenté l'aimable Cœur de mon adorable Jésus plus brillant qu'un soleil. Il était au milieu des flammes de son pur amour, environné de séraphins qui chantaient d'un concert admirable :

L'amour triomphe, l'amour jouit,
L'amour du saint Cœur réjouit.

Et comme ces Esprits bienheureux m'invitèrent de m'unir avec eux dans les louanges de ce divin [Cœur] , je n'osais pas le faire ; mais ils m'en reprirent, et me dirent « qu'ils » étaient venus afin de s'associer avec moi » pour lui rendre un continuel hommage » d'amour, d'adoration et de louange ; et que » pour cela ils tiendraient ma place devant le » Très-Saint-Sacrement, afin que je le pusse » aimer sans discontinuation par leur entre- » mise, et que de même ils participeraient » à mon amour, souffrant en ma personne, » comme je jouirais en la leur. » Et ils écrivirent en même temps cette association dans ce sacré-Cœur, en lettres d'or et du caractère ineffaçable de l'amour. Et après environ deux ou trois heures que cela dura, j'en ai ressenti les effets toute ma vie, tant par les secours que j'en ai reçus, que par les suavités que cela avait produites, et produisait en moi, qui en restai toute abîmée de confusion. Je ne les nommai plus, en les priant, que mes divins associés. Cette grâce me donna tant de désir de la pureté d'intention et une si haute idée de celle qu'il faut avoir pour converser avec Dieu, que toute autre chose me paraissait impure pour ce sujet.

Une autrefois, comme il y avait une de nos Sœurs dans un sommeil léthargique [on était] hors d'espérance de lui pouvoir faire recevoir les derniers sacrements ; ce qui tenait la communauté dans une très grande peine, [surtout] notre Mère, laquelle m'ordonna de promettre à Notre-Seigneur tout ce qu'il lui plairait de faire connaître et désirer posséder. Je n'eus pas plutôt accompli cette obéissance que ce Souverain de mon âme me promit que cette sœur ne mourrait point sans recevoir les grâces que nous lui souhaitions avec raison, pourvu que je lui promisse trois choses, lesquelles il voulait absolument de moi : la première, de ne jamais refuser d'emploi dans la religion ; la seconde de ne point refuser d'aller au parloir ; ni d'écrire qui était la troisième. A cette demande, je confesse que tout mon [être] frémit pour la grande répugnance et aversion que j'y sentais. Et je répondis : « O mon Seigneur ! vous me prenez bien par mon faible mais je demanderai permission. » Ma Supérieure me [la] donna d'abord, quelque peine que je lui en pusse faire paraître, et il m'en fit faire une promesse en forme de vœu pour ne m'en pouvoir plus dédire ; mais, hélas ! combien d'infidélités n'y ai-je pas commises, car il ne m'ôta pas pour cela la peine que j'y sentais qui a duré toute ma vie, mais la Sœur reçut ses sacrements.

Pour faire voir jusqu'où allait mon infidélité parmi toutes ces faveurs si grandes, je dirai qu'une fois me sentant une ardeur bien grande d'aller en retraite, et [de] m'y préparer quelques jours avant, [je] voulus pour la seconde fois graver le saint Nom de Jésus sur mon cœur. Mais ce fut d'une manière qu'il s'y fit des plaies. L'ayant dit à ma Supérieure, la veille du [jour] que je devais entrer en solitude elle me dit qu'elle y voulait faire mettre quelque remède, crainte qu'il n'y vînt quelque mal dangereux.

Cela me fit faire mes plaintes à Notre Seigneur : « O mon unique Amour ! souffrirez-vous que d'autres voient le mal que je me suis » fait pour l'amour de vous ? N'êtes-vous pas » assez puissant pour me guérir, vous qui » êtes le Souverain remède à tous mes maux ? » Enfin, touché de la peine que je sentais de donner connaissance de cela, il me promit que le lendemain je serais guérie; ce qui fut effectivement comme il me l'avait promis. Mais ne l'ayant pu dire à notre Mère, pour ne l'avoir pu rencontrer, elle m'envoya un petit billet, où elle me disait de montrer mon mal à la Sœur qui me le donnait, laquelle y remédierait.

Et comme j'étais guérie, je crus que cela me dispensait de faire cette obéissance, jusqu'à tant que je l'eusse dit à notre Mère, laquelle j'allai trouver pour cela, lui disant que je n'avais pas [fait] ce qu'elle m'avait marqué dans le billet d'autant que j'étais guérie. Mon Dieu! combien sévèrement je fus traitée de ce retardement à l'obéissance, tant de sa part que de celle de mon souverain Maître, lequel me relégua sous ses pieds sacrés, où je fus environ cinq jours à ne faire que pleurer ma désobéissance, en lui demandant pardon par de continuelles pénitences. Et pour ma Supérieure, elle me traita en ce rencontre sans rémission, suivant que Notre Seigneur le lui inspirait; car elle me fit perdre la sainte Communion, qui était le plus rude supplice que je pusse souffrir en la vie. J'aurais mille fois mieux aimé que l'on m'eut condamnée à la mort. Et de plus, elle fit montrer mon mal à la Sœur, laquelle [le] trouvant guéri, n'y voulut rien faire. Mais je ne laissai pas de recevoir [une] grande confusion et tout cela ne m'était rien, car il n'y a sorte de tourments que je n'eusse voulu souffrir, par la douleur que je sentais d'avoir déplu à mon Souverain. Enfin, après m'avoir fait voir combien lui était déplaisant le moindre petit manquement d'obéissance dans une âme religieuse, et m'en ayant fait sentir la peine, il vint lui-même essuyer mes larmes, redonner la vie à mon âme, les derniers jours de ma retraite. Mais ma douleur ne finit pas pour cela quelque douceur et caresse qu'il me fit. Ce m'était assez de penser que je lui avais déplu pour me faire fondre en larmes, car il me fit tellement [bien comprendre] ce que c'était que l'obéissance dans une âme religieuse, que je confesse que je ne l'avais encore point compris jusqu'alors, mais je serais trop longue à le dire. Et il me dit qu'en punition de ma faute ce Nom sacré dont la gravure m'avait couté si cher en mémoire de ce qu'il avait souffert en prenant ce sacré Nom de Jésus ne paraîtrait point non plus que les précédentes [gravures], lesquelles auparavant paraissaient fort bien marquées en différentes manières. Et je peux dire que je fis une solitude de douleur.

Mes infirmités étaient si continuelles

qu'elles ne me laissaient pas quatre jours de suite sans que je fusse malade. Une fois comme je l'étais beaucoup et que l'on ne m'entendait presque pas parler, notre Mère me vint trouver le matin et me donna un billet, en me disant de faire ce qu'il contenait; qui était qu'elle avait besoin de s'assurer si tout ce qui se passait en moi était de l'Esprit de Dieu, Que si cela était, il me mettrait dans une parfaite santé pendant cinq mois [sans] que j'eusse besoin de soulagement pendant tout [ce] temps là. Mais que si au contraire c'était de l'esprit du démon ou de la nature, je demeurerais toujours dans ces mêmes dispositions. Il ne se peut dire combien ce billet me fit souffrir, d'autant que ce qui y était contenu m'avait été manifesté avant de l'avoir lu. L'on me fit donc sortir de l'infirmerie avec des paroles telles que Notre-Seigneur les inspirait pour les rendre plus sensibles et mortifiantes à la nature. Je présentais ce billet à mon Souverain, lequel n'ignorait pas ce qu'il contenait. Et il me répondit: « Je te promets, ma fille, » que pour preuve du bon Esprit qui te con- » duit, je lui aurais bien accordé autant d'an- » nées de santé qu'elle m'a demandé [de mois], » et même toutes les autres assurances » qu'elle m'aurait voulu demander. » Et droit à l'élévation du Saint Sacrement, je sentis, mais très-sensiblement, [que] toutes mes infirmités m'étaient ôtées à la façon d'une robe, que l'on m'aurait dévêtue, et laquelle serait demeurée suspendue. Et je me trouvai dans la même force et santé d'une personne trés-robuste, laquelle depuis longtemps n'aurait été malade. Et [je] passai ainsi le temps que l'on avait souhaité, aprés lequel je fus remise dans les dispositions précédentes.

IX

DERNIÈRES ANNÉES. — CHAPELLE DU SACRÉ-CŒUR A PARAY.

Et comme une fois que j'avais la fièvre, ma Supérieure me fit sortir de l'infirmerie pour me mettre en solitude, car c'était mon tour, elle me dit : « Allez, je vous remets au soin » de Notre-Seigneur Jésus-Christ. Qu'il vous » dirige, gouverne et guérisse selon sa vo- » lonté. » Or, quoique cela me surprît un peu, car, pour lors, je tremblais [de] la fièvre, je m'en allai pourtant bien joyeuse de faire cette obéissance, tant pour me voir tout abandonnée au soin de mon bon Maître que pour avoir occasion de souffrir pour son amour, m'étant indifférent de quelle manière il me fit passer ma retraite, soit dans la souffrance ou dans la jouissance : « Tout m'est bon, pourvu » qu'il se contente et que je l'aime, cela me » suffit, » disais-je. Mais je ne fus pas plutôt renfermée avec lui seul, qu'il se présenta à moi, qui m'étais couchée par terre toute transie de douleur et de froid, d'où il me fit relever en me faisant mille caresses, et me dit : « Enfin te voilà toute à moi et toute à mon » soin ; c'est pourquoi je veux te rendre en » santé à ceux qui t'ont remise malade entre » mes mains. » Et il me redonna une santé si parfaite, qu'il ne semblait point que j'eusse été malade. De quoi l'on fut fort étonné, et ma Supérieure particulièrement, laquelle savait ce qui c'était passé.

Mais jamais je n'ai fait de solitude parmi tant de joie et de délices, me croyant dans un paradis pour les continuelles faveurs, caresses et familiarités avec mon Seigneur Jésus-Christ, sa très-sainte Mère, mon saint-Ange et mon bienheureux Père Saint François de Sales. Je ne spécifierai pas ici le détail des grâces singulières que j'en ai reçues, à cause de la longueur. Seulement, je dirai que mon aimable Directeur, pour me consoler de la douleur qu'il m'avait faite de l'effaçure de son sacré et adorable Nom sur mon cœur, après l'y avoir gravé avec tant de douleurs, voulut lui-même l'imprimer au dedans et l'écrire au dehors, avec le cachet et le burin tout enflammé de son pur amour, ainsi d'une manière qui me donna mille fois plus de joie et de consolation, que l'autre ne m'avait causé de douleur et d'affliction.

Il ne me manquait que la croix, sans laquelle je ne pouvais vivre ni goûter de plaisir même céleste ni divin, parce que toutes mes délices n'étaient que de me voir conforme à mon Jésus souffrant. Je ne pensais donc qu'à exercer sur mon corps toutes les rigueurs que la liberté où l'on m'avait mise me permettait. Et, en effet, je lui en fis bien expérimenter, tant pour les pénitences que pour le vivre et le coucher, m'étant fait un lit de têts de pots cassés, où je me couchais avec un extrême plaisir, quoique toute la nature en frémît; mais c'était en vain, car je ne l'écoutais [pas]. Je voulais faire une certaine pénitence, laquelle me donnait grand appétit par sa rigueur, pensant par là pouvoir venger sur moi les injures que Notre-Seigneur reçoit au Très-Saint Sacrement, tant par moi misérable pécheresse, que par tous ceux qui l'y déshonorent. Mais mon souverain Maître, comme je voulais exécuter ce dessein, me défendit de passer outre, me disant qu'il me voulait rendre en santé, à ma Supérieure, laquelle m'avait confiée et remise à ses soins, et qu'il agréerait plus le sacrifice que je lui ferais de mon désir que si je l'exécutais, puisque étant esprit il voulait aussi des sacrifices de l'esprit. Je demeurai contente et soumise.

Allant une fois à la sainte communion, la sainte hostie me parut resplendissante comme un soleil dont je pouvais supporter l'éclat; et Notre-Seigneur au milieu tenant une couronne d'épines, me [la] mit sur la tête, un peu après que je l'eus reçue, en me disant : Reçois, ma fille, cette couronne, en signe de celle qui te sera bientôt donnée par conformité avec moi. » Je ne compris pas alors ce que cela voulait dire; mais je le sus bientôt, par les effets qui s'en suivirent, [savoir] deux terribles coups que je reçus par la tête en telle sorte qu'il me sembla depuis avoir tout le tour de la tête entouré de très poignantes épines de douleur, dont les piqûres ne finiront qu'avec ma vie, dont je rends grâces infinies à mon Dieu qui fait de si grandes faveurs à sa chétive victime. Mais hélas! comme je le dis souvent les victimes doivent être innocentes, et moi je ne suis qu'une criminelle. Je confesse que je me sens plus redevable à mon Souverain de cette couronne précieuse que s'il m'avait fait présent de tous les diadèmes des plus grands monarques de la terre; d'autant plus que personne ne me la peut ôter, et qu'elle me met souvent dans l'heureuse nécessité de veiller et de m'entretenir avec cet unique objet de mon amour. Ne pouvant appuyer ma tête sur le chevet, à l'imitation de mon bon Maître qui ne pouvait appuyer la sienne adorable sur le lit de la croix, cela me faisait sentir des joies et consolations inconcevables, quand je me voyais quelque conformité avec lui; et c'était par cette douleur qu'il voulait que je demandasse à Dieu son Père, par le mérite de son couronnement d'épines, auquel j'unissais la mienne, la conversion des pécheurs, et l'humilité pour ces têtes orgueilleuses dont l'élévation lui était déplaisante et injurieuse.

Une autre fois, dans un temps de carnaval, c'est-à-dire environ cinq semaines avant le mercredi des Cendres, il se présenta à moi après la sainte Communion sous la figure d'un *Ecce Homo*, chargé de sa croix, tout couvert de plaies et de meurtrissures. Son sang adorable découlait de toutes parts, disant d'une voix douloureusement triste : « N'y aura-t-il personne qui ait pitié de moi et qui veuille compa-

« tir et prendre part à ma douleur dans le pitoya-
« ble état où les pécheurs me mettent, surtout à présent... » Et je me présentais à lui me prosternant à ses pieds avec larmes et gémissements. [Il] me chargea cette lourde croix sur les épaules, toute hérissée de pointes de clous ; et me sentant accablée sous ce poids, je commençai à mieux comprendre la gravité et la malice du péché, lequel je détestais si fort dans mon [cœur], que j'aurais mille fois mieux aimé me précipiter dans l'enfer que d'en commettre un volontairement. « O mauvais péché, dis-je, que
» tu es détestable pour l'injure que tu fais à
» mon souverain Bien ! » Lequel me fit voir que ce n'était pas assez de porter cette croix, mais qu'il fallait m'y attacher avec lui, pour lui tenir fidèle compagnie en participant à ses douleurs, mépris, opprobres et autres indignités qu'il souffrait. Je m'abandonne d'abord pour tout ce qu'il désirait faire en moi et de moi, m'y laissant attacher à son gré, par une maladie qui me fit bientôt sentir les pointes aigües de ces clous dont cette croix était hérissée, par de très-cuisantes douleurs qui n'avaient pour compassion que des mépris et humiliations, et plusieurs autres suites très-pénibles à la nature. Mais, hélas ! que pourrais-je souffrir qui pût égaler la grandeur

de mes crimes, qui me tiennent continuellement dans un abîme de confusion, depuis que mon Dieu m'a fait voir l'horrible figure d'une âme en péché mortel [et] la grièveté du péché qui, s'attaquant à une bonté infiniment aimable, lui est extrêmement injurieux. Cette vue me fait plus souffrir que toutes les autres peines et je voudrais de tout mon cœur avoir commencé à souffrir toutes celles dues à tous les péchés que j'ai commis, pour me servir de préservatif et m'empêcher de les commettre, plutôt que d'avoir été si misérable que de les avoir commis, encore que je serais assurée même que mon Dieu, par son infinie miséricorde, me les pardonnerait sans me livrer à ces peines.

Ces dispositions de souffrances dont j'ai parlé ci-dessus me duraient ordinairement tout le temps de carnaval jusqu'au mercredi des Cendres, qu'il semblait que j'étais réduite à l'extrémité sans que je pusse trouver aucune consolation ni soulagement qui augmentât encore plus mes souffrances. Et puis, tout d'un coup, je me trouvais assez de force et de vigueur pour jeûner le carême ; ce que mon Souverain m'a toujours fait la miséricorde de faire, quoique je me trouvasse quelquefois accablée de tant de douleurs, qu'il me semblait souvent qu'en commençant un exercice, je n'y pourrais pas subsister jusqu'au bout; et puis, de celui-ci, j'en recommençais un autre avec les mêmes peines, disant : « O mon Dieu ! faites-moi la grâce » de pouvoir aller jusqu'à la fin, » et je rendais grâces à mon Souverain de quoi il mesurait ainsi mes moments par l'horloge de ses souffrances pour en faire toutes sonner les heures avec les roues de ses douleurs.

Quand il voulait me gratifier de quelque croix nouvelle, il m'y disposait par une abondance de caresses et de plaisirs spirituels si grands, qu'il m'aurait été impossible de les soutenir s'ils avaient duré, et je disais en ce temps; « O mon unique amour je vous sacrifie tous ces plaisirs. « Gardez-les pour ces » âmes saintes, qui vous en glorifieront plus » que moi, qui ne veux que vous seul, tout nu » sur la Croix, où je vous veux aimer, vous » seul pour l'amour de vous-même. Otez-moi donc tout le reste, afin que je vous aime sans mélange d'intérêt ni de plaisir. » Et c'était quelquefois dans ce tempsqu'il prenait plaisir de contrarier mes désirs, comme un sage et expérimenté directeur, me faisant jouir lorsque j'aurais voulu souffrir. Mais je confesse que l'un et l'autre venaient de lui, et que tous les biens qu'il m'a faits, c'a été par sa pure miséricorde; car, jamais créature ne lui a tant résisté que moi, tant par mes infidélités que par la crainte que j'avais d'être trompée. Et cent fois je me suis étonnée comme il ne m'anéantissait, ou ne m'abîmait par tant de résistances.

Mais, quelque grandes que soient mes fautes, cet unique bien de mon âme ne me prive jamais de sa divine présence, comme il me l'a promis. Mais il me la rend si terrible lorsque je lui ai déplu en quelque chose, qu'il n'y a point de tourment qui ne me fût plus doux et auquel je ne me sacrifiasse plutôt mille fois que de supporter cette divine présence et paraître devant la sainteté de Dieu, ayant l'âme souillée de quelque péché. J'aurais bien voulu me cacher en ce temps-là, et m'éloigner si j'avais pu, mais tous mes efforts étaient inutiles, trouvant partout ce que je fuyais, avec des tourments si effroyables qu'il me semblait être en purgatoire, puisque tout souffrait en moi, sans nulle consolation, ni désir d'en chercher, ce qui me faisait dire quelquefois dans ma douloureuse amertume : « Oh ! qu'il est terrible de tom-« ber entre les mains du Dieu vivant ! »

Voilà la manière dont il purifiait mes fautes,

lorsque je n'étais pas assez prompte et fidèle à m'en punir moi-même. Et jamais je ne recevais aucune grâce particulière de sa bonté, qu'elle ne fût précédée de ces sortes de tourments ; et après les avoirs reçues je me sentais jetée et abîmée dans un purgatoire d'humiliation et de confusion, où je souffrais plus que je ne peux l'exprimer ; mais toujours dans une paix inaltérable, ne me semblant pas que rien puisse troubler la paix de mon cœur, quoique la partie inférieure fût souvent agitée, soit pas mes passions, soit pas mon ennemi, qui faisait tous ses efforts pour cela, n'y ayant rien où il soit plus puissant et où il gagne tant avec une âme qui est dans le trouble et l'inquiétude ; il en fait son jouet et la rend incapable d'aucun bien.

Certifié véritable, ce 22 juillet 1715,

Signé,

SŒUR ANNE ÉLISABETH DE LA GARDE

Paraphé par nous, le vingt-deux juillet mil sept cent quinze.

Signé,

DOM DE BANSIÈRE, commisaire.

CHALON, greffier.

Nous Protonotaire apostolique, Vicaire

général, Archidiacre d'Autun, avons reconnu comme autographe de la Bienheureuse Marguerite Marie Alacoque cette Biographie, écrite par elle-même d'après l'ordre de ses Supérieurs. Elle se compose de soixante-quatre pages.

En foi de ce :

Paray, le 26 février 1865.

†

Place du sceau de l'evêché.

Signé,

G. BOUANGE, proton. apost

Vic. gén. archid.

La Bienheureuse termine ici son *Autobiographie*, ou pour mieux dire le *Mémoire* des faveurs divines, qui font comme le tissu de sa vie. Nous sommes en 1687; c'est l'époque même où le P. Rolin quitte Paray.

Les trois années suivantes, les dernières de son Pélerinage sur la terre, furent comme toutes les autres, des années d'amour, comblées des mêmes consolations, remplies des mêmes souffrances. Nous n'essayerons pas de les esquisser. Qu'il nous suffise de rappeler un détail. Ce fut durant cette période le 7 septembre 1688 qu'elle eut la joie de voir ériger une chapelle du sacré-Cœur, dans l'enclos de Paray. Alors aussi dans une communication intime, Notre Seigneur lui fit connaître a mission spéciale, qu'il donnait à la Compagnie de propager la dévotion au Sacré-Cœur, et les grâces signalées qu'il réservait dans cette vie à sa chère milice.

Cependant la vie mortelle de Marguerite était près de s'éteindre; déjà la Patrie s'ouvrait à ses regards.

Laissons parler ses contemporaines : « Elle » disait à ses plus confidentes, qu'il n'y avait » plus rien à souffrir en ce monde pour » elle, et qu'infailliblement elle mourrait » bientôt. »

Elle voulut cependant s'y préparer par une retraite intérieure, qu'elle fit l'espace de quarante jours, et sonder un peu d'où lui venait ce désir véhément qui la faisait soupirer après cet heureux jour, et si, en effet, il serait heureux pour elle, se croyant la plus grande pécheresse et la plus indigne des bontés de son Dieu. Voici ses sentiments sur cela :

« Depuis le jour de sainte Madeleine, je me suis sentie extrêmement pressée de reformer ma vie pour me tenir prête à paraître devant la sainteté de Dieu, dont la justice est si redoutable et les jugements impénétrables. Il faut donc que je tienne toujours mes comptes prêts afin de n'être pas surprise, car c'est une chose horrible de tomber à l'heure de la mort entre les mains d'un Dieu vivant, lorsque pendant sa vie on s'est retiré par le péché d'entre les bras d'un Dieu mourant.

« Je me suis donc proposé, pour effectuer un mouvement si salutaire, de faire une retraite intérieure dans le Sacré-Cœur de Jésus-Christ. J'attends et j'espère tous les secours de grâce et de miséricorde qui me seront nécessaires, car j'ai en lui toute ma confiance, comme étant le seul appui de mon espérance, puisque son excessive bonté ne me rebute jamais lorsque je m'adresse à lui ; mais au contraire, il semble se faire un plaisir d'avoir trouvé un sujet aussi pauvre et misérable que je suis pour remplir mon indigence de son abondance infinie.

«La sainte Vierge sera ma bonne mère, et pour protecteur j'aurai Saint Joseph et mon saint Fondateur. Le bon père de La Colombière m'est donné pour directeur, pour m'apprendre à accomplir les desseins de ce Cœur adorable, conformément à ses maximes.

« Le premier jour de ma retraite, mon occupation fut de penser d'où pouvait me venir ce grand désir de mourir, puisque ce n'est pas l'ordinaire des criminelles, comme e la suis devant Dieu, d'être bien aise de paraître devant leur juge, et un juge dont la sainteté de justice pénètre jusqu'à la moëlle des os, auquel rien ne peut être caché, et qui ne laissera rien d'impuni. Comment donc mon âme, peux-tu sentir une si grande joie à l'approche de la mort? Tu ne penses qu'à finir ton exil et tu es transportée de joie en te figurant que tu sortiras bientôt de ta prison. Mais hélas? prends garde que d'une joie temporelle, qui ne provient peut-être que d'aveuglement et d'ignorance, tu ne te plonges dans une éternelle tristesse, et que de cette prison mortelle et périssable tu ne tombes dans ces cachots éternels, où il n'y aura plus lieu d'espérer d'en sortir jamais! « Laissons donc, mon âme, cette joie et ce désir de mourir pour ces âmes saintes et ferventes pour lesquelles sont préparées de si grandes récompenses. Mais pour nous, les œuvres d'une vie criminelle ne nous laissent rien à espérer que des châtiments éternels, si Dieu n'était plus bon que juste à notre égard. Pensant donc quel sera ton sort, pourras-tu supporter pendant une éternité l'absence de Celui dont la puissance te donne de si ardents désirs, et dont la privation te fait sentir de si cruelles peines?

« Mon Dieu! que ce compte m'est difficile à faire, puisque j'ai perdu mon temps, et que je ne sais comment le pouvoir réparer! Dans la peine où je me suis trouvée de mettre ces comptes en état et les tenir toujours prêts à rendre, je n'ai su à qui m'adresser, sinon à mon adorable Maître qui par une grande bonté a voulu se charger de le faire. C'est pourquoi je lui ai remis tous les articles sur lesquels je dois être jugée, et recevoir ma sentence qui sont nos règles, constitutions et directoire, sur lesquels je serai justifiée ou condamnée. Après lui avoir remis tous mes intérêts, j'ai senti une paix admirable, sous ses pieds, où ils m'a tenue longtemps, comme tout anéantie, dans l'abime de mon néant, attendant ce qu'il jugerait de cette misérable criminelle.

« Le second jour, à mon oraison, il me fut présenté comme dans un tableau tout ce que j'avais été, et ce que j'étais alors : mais mon Dieu, quel monstre plus défectueux et plus horrible à voir! Je n'y voyais aucun bien, mais tant de mal qu'il m'était un tourment d'y penser. Il me semble que tout me condamne à un éternel supplice pour le grand abus que j'ai fait de tant de grâces, pour lesquelles je n'ai eu que des infidélités, ingratitudes et perfidies. O mon Sauveur! qui suis-je, pour m'avoir attendue si longtemps à pénitence, moi qui me suis mille fois exposée à être abîmée dans l'enfer par l'excès de ma malice! et autant de fois vous m'en avez empêchée par votre bonté infinie. Continuez donc, mon aimable Sauveur, de l'exercer sur un sujet si misérable. Vous voyez que j'accepte de grand cœur toutes les peines et les supplices qu'il vous plaira me faire souffrir en cette vie et en l'autre. J'ai tant de douleur de vous avoir offensé, que je voudrais avoir souffert toutes les peines dues aux péchés que j'ai commis, et tous ceux où je serais tombée sans le secours de la grâce Oui, je voudrais avoir été plongée dans tous ces tourments rigoureux, dès le moment où j'ai commencé à pécher, pour me servir de préservatif, plutôt que de vous avoir tant offensé, et n'avoir autre punition qu'un pardon que je vous demande pour l'amour de vous-même. Je ne réserve rien dans toute la vengeance qu'il plaira à votre divine justice d'exercer sur cette criminelle, sinon, que vous ne m'abandonnez pas à moi-même par de nouvelles rechutes dans le péché, pour punir les précédentes. Ne me privez pas, ô mon Dieu, de vous aimer éternellement pour ne vous avoir pas assez aimé dans le temps. Faites au reste de moi tout ce qu'il vous plaira, je vous dois tout ce que j'ai, tout ce que je suis. Et tout ce que je puis faire de bien ne saurait réparer la moindre de mes fautes, que par vous-même. Je suis insolvable, vous le voyez bien, mon divin Maître; mettez-moi en prison, j'y consens, pourvu que ce soit dans celle de votre sacré Cœur. Et quand j'y serai, tenez-moi là bien captive et liée des chaînes de votre amour, jusqu'à ce que je vous aie payé, tout ce que je vous dois ; et comme je ne le pourrai jamais faire, aussi souhaité-je de n'en jamais sortir. »

Il serait à souhaiter qu'elle eût continué d'écrire toutes les vues et lumières qu'elle reçut dans cette sainte quarantaine, où elle s'appliqua à faire cette solitude intérieure pour se préparer à la mort, preuve certaine qu'elle en ait connaissance. Nous aurions la consolation d'y voir plusieurs grâces qu'elle reçut en ce temps, ce dont nous sommes privées, elle ne les a pas voulu écrire, par ce que, dit-elle, il aurait été trop long.

X

SAINTE MORT DE MARGUERITE. — BREF DE BÉATIFICATION.

Cette vénérable Sœur, marchant à grands pas à la perfection, arriva bientôt, suivant le sentiment de ceux qui avaient connaissance de son intérieur, à une grande sainteté. Elle était si étroitement unie à Dieu depuis plusieurs années, que le sommeil n'en interrompait que fort rarement la pensée ; où plutôt c'était cette pensée qui interrompait son sommeil. Il n'y avait plus d'occupation capable de la soustraire. Elle était toute séparée d'elle-même et des choses de la terre. Elle souffrait de ne point souffrir, et elle regardait la tranquillité dont elle jouissait, comme un châtiment de Dieu. Voici ce qu'elle en marque à son Directeur.

« Je ne sais, mon Révérend Père, ce que je dois penser de l'état où je suis maintenant; j'ai eu jusqu'ici trois désirs si ardents, que je les regardais comme trois tyrans qui me faisaient souffrir un continuel martyre, sans me donner un seul moment de repos. Ces trois désirs étaient : d'aimer parfaitement Jésus-Christ, de souffrir beaucoup pour son amour, et de mourir dans l'ardeur de cet amour. Mais à présent, je me trouve dans une cessation de tous désirs qui m'étonne. Je crains que cette prétendue paix ne soit un effet de cette tranquillité où Dieu laisse quelquefois les âmes infidèles ; et j'appréhende que, par mes grandes infidélités à ses grâces, je me sois attiré cet état, qui est peut-être une marque de réprobation ; car je vous avoue que je ne puis rien vouloir ni rien désirer en ce monde, quoique je voie qu'en matière de vertu tout me manque. Je voudrais quelquefois m'en affliger, mais je ne puis pas, n'étant pas dans mon pouvoir d'agir. Je sens seulement un parfait acquiescement au bon plaisir de Dieu, et un plaisir ineffable dans les souffrances. La pensée qui me console de temps en temps, c'est que le Sacré Cœur fera tout pour moi, si je le laisse faire; il voudra, il aimera, il désirera pour moi et suppléera à tous mes défauts. »

Elle était arrivée à cet état de perfection, lorsqu'il plut à Notre-Seigneur de la retirer à lui. On a lieu de croire que, les grands desseins que Dieu avait sur cette fidèle épouse étant heureusement exécutés, il voulut mettre le comble à tant de faveurs. Plus elle approchait de sa fin, et plus elle s'unissait à Dieu. Son attention à la mortification la portait à profiter de toutes les occasions qu'elle trouvait. C'est ce qui la fit se priver de manger des raisins, lorsqu'on vendangeait dans notre jardin, peu de jours avant sa dernière maladie. Pour rendre ce sacrifice plus parfait, elle en avait auparavant demandé la permission. Elle n'en aurait rien dit, si l'on ne s'en était aperçu. Elle avait une grande fidélité à suivre les lumières que Notre-Seigneur lui donnait. Tout était toujours trop bon pour elle, parce que son goût était fait à tout. Ce qui faisait qu'elle ne témoignait jamais de répugnance à prendre tout ce qu'on lui présentait, même les remèdes, quelque amers qu'ils fussent, ne voulant pas-même se laver la bouche après les avoir pris, afin d'en conserver plus longtemps l'amertume.

Si elle était si rigide dans ses maladies, qui étaient bien fréquentes, elle l'était encore plus en santé ; et nous pouvons dire avec vérité qu'elle s'est soutenue toute sa vie dans cette constante et généreuse mortification.

Cette humilité profonde, qui était sa vertu dominante, ce parfait amour pour Dieu, cette ferveur dont son cœur était toujours animé, la portaient incessamment à la pratique de ces trois vertus, qui ont fait son caractère, car sa vie a été une suite continuelle de souffrances, humiliations et mépris. L'on peut dire qu'elle a aimé Dieu aussitôt qu'elle a su le connaître; et si les grandes grâces et faveurs qu'elle a reçues de son divin Maître font le sujet de notre admiration, j'estime que nous ne devons pas moins admirer la fidélité qu'elle a eue à y répondre et persévérer à ne rien accorder à la nature, par une parfaite abnégation. Elle ne s'est jamais relâchée un moment de ces grandes et solides vertus, et elle est morte dans l'exercice actuel du pur amour.

Elle prit mal la veille qu'elle se disposait pour entrer en solitude. Une Sœur lui demandant si elle pourrait y aller, elle lui dit : « Oui, mais ce sera la grande retraite. » Elle s'alita neuf jours avant sa mort, qu'elle employa à se disposer à la venue de l'Époux, quoique son mal parût peu de chose. L'on fit appeler M. Billet, notre ancien médecin, qui l'avait en grand estime, et qui nous avait dit plusieurs fois dans ses maladies, qu'étant causées par l'amour divin, il n'y avait point de remèdes, Il examina le mal dont notre précieuse Sœur se plaignait, et l'assura que cela ne serait rien. Le jour même de sa mort il assura encore qu'il n'y avait nulle apparence qu'elle en dût mourir, si peu sa maladie paraissait dangereuse; mais elle persista toujours à dire qu'elle en mourrait.

La certitude qu'elle en avait lui fit demander avec beaucoup d'instance le saint Viatique. Et sur ce qu'on lui dit, qu'on ne le jugeait pas à propos, elle pria que du moins, on l'a fit communier, puisqu'elle était encore à jeun. On le lui accorda. Elle reçut le saint Sacrement en forme de viatique, sachant que c'était pour la dernière fois qu'elle le recevait.

Mais qui pourrait trouver des paroles assez expressives pour faire comprendre les ardeurs de son âme en cette sainte action? Il suffit de dire qu'elles répondaient parfaitement bien à l'ardent amour qu'elle avait eu toute sa vie pour son divin maître dans cet adorable mystère. Une sœur s'étant aperçue qu'elle souffrait extraordinairement, s'offrit de lui procurer quelques soulagements; mais elle l'en remercia, disant que tous les moments qui lui restaient à vivre étaient trop précieux pour n'en pas profiter; qu'à la vérité elle souffrait beaucoup, mais que ce n'était pas encore assez pour contenter son désir, tant elle trouvait de charmes dans les souffrances; qu'elle recevait un si grand contentement à vivre et mourir sur la croix, que, quelque ardent que fût le désir qu'elle avait de jouir de son Dieu, elle en aurait encore un plus grand de demeurer en l'état où elle était jusqu'au jour du jugement, si c'était le bon plaisir de Dieu, tant elle y goûtait de délices.

Toutes celles qui lui rendaient visite dans sa maladie admiraient la joie extraordinaire que lui causait la pensée de la mort. Mais Dieu voulut interrompre pour quelque temps cette abondance de douceurs intérieures dont elle était comblée, en lui inspirant une si grande crainte de sa justice, qu'elle entra tout à coup en des frayeurs étranges à la vue des redoutables jugements de Dieu.

Ce fut par cette voie que Dieu voulut purifier cette sainte âme. On la voyait trembler, s'humilier et s'abîmer devant son crucifix. On lui entendait répéter avec de profonds soupirs, ces paroles : « Miséricorde ! mon » Dieu, miséricorde ! » Mais quelque temps après, ses frayeurs se dissipèrent. Son esprit se trouva dans un grand calme et dans une grande assurance de son salut. La joie et la tranquillité parurent de nouveau sur son visage, et elle s'écriait : *Misericordias Domini in æternum cantabo.* D'autres fois : « Que veux-je au ciel et que désiré-je sur la » terre, que vous seul, ô mon Dieu ! »

Elle était si oppressée, que ne pouvant demeurer au lit, il fallait la soutenir pour lui donner plus de facilité à respirer, disant souvent : « Hélas ! je brûle, je brûle ! Si c'était » de l'amour divin, quelle consolation ! Mais » je n'ai jamais su aimer mon Dieu parfaite- » ment. » Et s'adressant à celles qui la soutenaient, elle disait : « Demandez-lui en par- » don pour moi et l'aimez bien de tout votre » cœur pour réparer tous les moments que » je ne l'ai pas fait. Quel bonheur d'aimer Dieu ! » Ah ! quel bonheur ! Aimez donc cet amour, » mais aimez-le parfaitement. » Ce qu'elle disait dans de tels transports, qu'il paraissait bien que son cœur en était réellement pénétré. Elle s'étendit ensuite sur l'excès de l'amour d'un Dieu pour ses créatures, et du peu de retour qu'elles lui rendent, demandant : « Irai-je encore bien loin! »

Et comme on lui dit que selon le sentiment du médecin elle n'en mourrait pas, elle s'écria pour lors : « Ah ! Seigneur, quand me retirerez-vous de ce lieu d'exil ! » disant plusieurs fois : *Ad te levavi oculos meos*, etc., *Lœtatus sum in his quœ dicta sunt mihi*, etc. « Oui, j'espère que, par la miséricorde du Sacré-Cœur, nous irons en la maison du Seigneur. »

Elle pria qu'on dît auprès d'elle les litanies de ce Cœur adorable et celles de la sainte Vierge, pour se la rendre favorable à son dernier moment, et d'invoquer pour elle son saint Fondateur, son saint Ange, saint Joseph, pour demander de l'assister de leur protection.

Comme l'amour des humiliations, et le désir d'être dans un éternel oubli dans le monde l'a accompagnée jusqu'à son dernier soupir, peu d'heures avant sa mort elle fit promettre à sa Supérieure qu'elle ne parlerait jamais de tout ce qu'elle lui avait dit en confiance qui pût lui être avantageux. Et ayant fait appeler une de nos sœurs qui avait été sa novice et qu'elle estimait singulièrement pour sa haute vertu : « Je vous » prie, lui dit-elle, ma chère Sœur, d'écrire » incessamment au R. P. Rolin, pour le » prier de brûler mes lettres et de me garder » inviolablement le secret que je lui ai sou- » vent demandé. »

Une heure avant qu'elle expirât, elle fit appeler sa Supérieure, à laquelle elle avait promis qu'elle ne mourrait point sans la faire avertir. Elle la pria de lui faire donner l'Extrême-Onction. Cela fait, elle la remercia de tous les soulagements qu'on s'empressait d'apporter à son mal, disant qu'il ne lui en fallait plus ; qu'elle n'avait plus rien à faire en ce monde qu'à s'abîmer dans le Sacré-Cœur de Jésus-Christ, pour y rendre le dernier soupir.

Après quoi elle demeura quelque temps dans un grand calme, et ayant proféré le saint Nom de Jésus elle rendit doucement son esprit, par un excès de cet ardent amour pour Jésus-Christ qui, dès le berceau avait jeté de si profondes racines en son âme.

Le médecin étant arrivé au moment qu'elle venait d'expirer parut très surpris, disant qu'il ne lui avait trouvé aucun signe dans sa maladie qui menaçât d'une si prompte mort ; qu'il avait été souvent dans l'admiration pendant sa vie, de voir comment un corps aussi exténué que le sien pût supporter toutes les maladies qu'elle avait eues ; mais comme c'était l'amour qui les lui causait, il ne doutait pas que ce ne fût aussi le même amour qui l'avait fait mourir, dans un temps où il y en avait si peu d'apparence, et que c'était ce qui nous devait consoler dans la grande perte que nous faisions, qui méritait bien nos larmes, puisque nous perdions la plus parfaite religieuse qu'il eût connue, et une des grandes saintes à qui Dieu eût fait plus de grâces ; qu'il la croyait toute puissante auprès du Sacré-Cœur, où elle nous serait une puissante avocate.

Cette sainte fille mourut le 17 octobre 1690, âgée de quarante-deux ans, professe de dix-huit, environ les huit heures du soir, entre les bras de deux Sœurs qui avaient été ses novices, et à qui elle l'avait prédit plusieurs années auparavant. Ce fut en présence de la communauté qu'elle expira, laquelle s'y étant rendue pour faire la recommandation de l'âme, eût la douleur et la consolation tout ensemble, de voir comment meurent les saints.

Pour donner, avant de finir, un court aperçu de ce que N. S. a fait pour exalter la bien-aimée de son Cœur, nous transcrivons en entier le Bref qui l'a proposée à notre culte et à notre imitation. Avec le tableau des évènements, on y voit, présent à tout, le doigt de cette Providence dont on ne peut assez admirer la sagesse et les merveilles dans la glorification de ses saints.

BREF DE BÉATIFICATION.

PIE IX PAPE.

Pour perpétuelle Mémoire.

L'auteur et le consommateur de notre Foi, Jésus, qui, mû par une charité excessive, après avoir pris l'infirmité de notre nature mortelle, s'est offert immaculé à Dieu sur l'Autel de la Croix, pour nous délivrer de l'effroyable servitude du péché, n'a rien de plus en vue, que d'exciter en toutes manières dans l'âme des hommes, les flammes dont son Cœur brûlait, ainsi que nous le voyons dans l'Evangile en donner l'assu-

rance à ses disciples : « Je suis venu je-
» ter le feu sur la terre, et quelle est ma
volonté sinon qu'il s'allume ? »

Or comme moyen d'exciter davantage ce feu de la charité, il a voulu qu'on établit dans son Église la vénération et le culte de son très sacré Cœur et qu'on le propageât.

Et qui serait, en effet, assez dur et de fer pour ne point se sentir porté à répondre à l'Amour de ce Cœur plein de suavité, transpercé et blessé par la lance, afin que notre âme y pût trouver une sorte de retraite et de refuge où elle se retirât et se mît à couvert contre les incursions et les pièges de l'ennemi !

Qui ne serait animé à employer avec zèle toutes les pratiques qui peuvent l'amener à ce très sacré Cœur, dont la blessure a répandu l'eau et le sang, c'est-à-dire la source de notre vie et de notre salut ?

Quand donc Notre-Seigneur a voulu instituer et répandre au loin parmi les hommes ce culte de piété si salutaire et si bien dû, a daigné choisir sa vénérable servante Marguerite Marie Alacoque, religieuse de l'ordre de la Visitation de la Bienheureuse Vierge Marie, qui, par l'innocence de sa vie et par l'exercice assidu de toutes les vertus, s'est montrée digne, avec l'aide de la grâce divine de cet office et de cette mission.

Née d'une famille honnête, dans le village de Lauthecourt, au diocèse d'Autun, en France, elle brilla dès sa première enfance par la docilité de son esprit, la pureté de ses mœurs réglées d'une manière bien supérieure à son âge ; de telle sorte qu'elle faisait augurer à ses parents, par des indices certains, ce qu'elle devrait être un jour.

Encore petite fille, et ne sentant que de l'éloignement pour les réjouissances qui ont coutume de séduire cet âge si tendre, elle cherchait les endroits les plus secrets de la maison pour y recueillir son âme en prière et en adoration devant Dieu.

Jeune personne, elle fuyait la compagnie des hommes, n'ayant point de plus grand bonheur que d'être assidûment à l'église, et de prolonger ses prières pendant plusieurs heures.

Dès ses premières années, elle se consacra à Dieu par le Vœu de Virginité, et commença à assujettir son corps aux jeûnes, aux disciplines et à d'autres macérations, voulant par là, comme par un buisson d'épines, mettre à l'abri la fleur de sa virginité.

Elle fut aussi, un illustre modèle de douceur

et d'humilité ; car ayant perdu son père et sa mère succombant sous le poids soit des années, soit de la maladie, elle fut traitée avec tant de rigueur et de dureté par ceux qui avaient la gestion des affaires de la Maison, qu'elle manquait habituellement du nécessaire dans la nourriture et le vêtement. Cet état de choses aussi pénible qu'injuste, fut généreusement accepté par elle, à l'exemple de Jésus-Christ, qu'elle avait toujours devant les yeux.

Elle n'avait que neuf ans quand elle fut admise pour la première fois à recevoir le très saint Sacrement de l'Eucharistie ; et ce céleste aliment lui inspira une si grande ardeur de charité, que ce feu divin éclatait sur ses lèvres et dans ses yeux.

Enflammée pareillement de charité pour le prochain, elle déplorait amèrement la misère d'une multitude d'enfants presque délaissés de leurs parents, grandissant dans le vice et ignorant les choses les plus essentielles au salut. Elle leur apprenait les mystères de la foi, les formait à la vertu et elle s'était fait une habitude de se priver d'une bonne part de sa nourriture quotidienne pour les nourrir.

Ayant fixé son choix sur l'Epoux céleste, elle refusa constamment un époux riche et de condition que sa mère voulait lui donner. Et pour garder avec plus de sécurité sa foi à cet Epoux céleste, elle songea à entrer en Religion dans un cloître.

C'est pourquoi, après avoir longtemps et sérieusement délibéré en elle-même, après avoir par d'abondantes larmes consulté la volonté divine, elle fut reçue dans la ville de Paray le Monial, au diocèse d'Autun parmi les religieuses de l'ordre de la Visitation de la Bienheureuse Vierge Marie.

Dans son Noviciat, s'étant montrée telle que l'avaient fait espérer et son ardeur généreuse pour la vertu et l'innocence de sa vie passée, elle mérita d'être admise à prononcer les vœux solennels. Mais après sa profession, on la vit marcher à pas accélérés dans les voies de la perfection religieuse, tant elle offrait à ses compagnes consacrées à Dieu un éclatant modèle de toutes les vertus.

On voyait luire en elle une merveilleuse humilité et une extraordinaire promptitude à obéir, comme à supporter avec patience tout ce qui pouvait lui faire de la peine, une parfaite observance des points les plus minimes de la règle, une austérité sans relâche dans les macérations corporelles, un amour toujours fervent de la prière, à laquelle elle s'appliquait jour et nuit ; et souvant son âme dégagée des sens, était inondée de l'abondance des dons célestes.

Dans la méditation des douleurs de Notre-Seigneur Jésus-Christ, elle était si sensiblement affectée, et la flamme de son amour était si ardente, que la plupart du temps elle y paraissait languissante et sans vie.

L'éminence de ses vertus ayant fixé sur elle l'admiration de toutes ses compagnes, elle fut chargée d'exercer et de former à la vie religieuse les jeunes demoiselles qui étaient au noviciat. On n'eût pu trouver une personne plus capable de cette charge que la vénérable Marguerite-Marie, qui par son exemple entraînait celles qui entraient dans la voie de la perfection et soutenait celles qui y couraient déjà.

Un jour qu'elle priait avec plus de ferveur devant le très Auguste Sacrement de l'Eucharistie, Notre-Seigneur Jéus-Christ lui fit connaître qu'il lui serait très agréable de voir établir le culte de son très sacré Cœur, embrasé d'amour pour le genre humain, et qu'il voulait lui confier à elle-même cette mission. La vénérable servante de Dieu, qui était si humble, fut attérée, s'estimant indigne d'un pareil office. Mais enfin, pour obéir à l'ordre souverain, et conformément au désir qu'elle avait d'exciter le divin amour dans le cœur des hommes, elle fit tous ses efforts, soit auprès des religieuses de son monastère, soit auprès de tous ceux sur lesquels elle pouvait exercer quelque action, pour que ce très Sacré Cœur siège de la divine charité, reçut d'eux toutes sortes d'honneurs et d'adorations. La vénérable servante de Dieu eut à souffrir à ce sujet de grandes peines ; elle rencontra de nombreuses difficultés. Cependant, elle ne perdit jamais courage ; mais, s'appuyant sur l'espoir du secours d'en haut, elle travailla avec tant de constance à établir cette dévotion, que, avec l'aide de la grâce divine et au grand profit des âmes, elle prit un très grand accroissement dans l'Eglise.

Enfin désireuse de mourir pour voler aux célestes noces de l'Agneau qu'elle convoitait si ardemment, consumée moins par la maladie que par les flammes de la charité, elle arriva au terme de sa vie, le 16 des calendes de novembre, l'an 1690.

L'opinion que l'on avait eue de la sainteté de la Vénérable Marguerite-Marie s'accrut davantage après son décès, surtout sur le bruit des miracles que l'on attribuait à l'intercession de la Vénérable servante de Dieu.

C'est pourquoi, en 1715, l'évêque d'Autun s'occupa de faire recueillir, selon les formes ordinaires, des informations sur sa vie et ses mœurs. Mais les révolutions, qui à la fin du XVIIIe siècle ont bouleversé presque l'Europe entière ont empêché que cette Cause pût être déférée au jugement du Saint-Siège. Toutefois, quand le plus gros de l'orage fut passé, on sollicita le jugement du Siège apostolique, et on porta devant l'assemblée des Cardinaux de la sainte Eglise Romaine préposés aux Sacrés Rites la cause des vertus dont la pratique avait illustré la Vénérable Marguerite.

Toutes choses longuement et attentivement pesées Nous, avons enfin prononcé que ses vertus avaient atteint le degré héroïque, dans un décret publié le 10 des calendes de septembre de l'an 1846.

Plus tard, dans la même assemblée de cardinaux, fut mise à l'ordre du jour la discussion sur les miracles qui devaient fournir la preuve divine de sainteté de la vénérable Marguerite ; et après qu'à la suite d'un sévère examen les consulteurs et les cardinaux eurent donné un avis favorable, Nous, les lumières d'en haut invoquées, avons rendu publique notre sentence affirmative sur la vérité de ces miracles, le 8 des calendes de Mai de l'année courante 1864.

Il ne restait plus qu'à demander aux mêmes Cardinaux s'ils étaient d'avis qu'on pût procéder avec sécurité à rendre à la Vénérable Marguerite les honneurs des Bienheureux. Réunis en Notre présence le 18 des calendes de Juillet de la présente année, ils répondirent d'une voix unanime « qu'on pouvait procéder avec sécurité. »

Nous donc, après avoir imploré le secours céleste, ainsi que le demandait l'importance de la chose, le 18 des calendes de Juillet de la même année Nous avons décrété que l'on pouvait avec sécurité, le jour que Nous désignerions, rendre à la vénérable servante de Dieu les honneurs de la Béatification avec tout ce qui s'en suit, jusqu'à ce que sa solennelle Canonisation soit célébrée.

C'est pourquoi touché des prières de presque tous les évêques de France, et aussi des religieuses de l'ordre de la Visitation de la Bienheureuse Vierge Marie, sur l'avis et avec l'assentiment de Nos vénérables frères les Cardinaux de la sainte Eglise romaine préposés à tout ce qui concerne les Rites sacrés, en vertu de Notre autorité apostolique, Nous permettons que la vénérable servante de Dieu, Marguerite-Marie Alacoque soit désormais appelé du nom de Bienheureuse, et que son corps et ses reliques, qui ne pourront être portés dans les processions solennelles, soient exposés à la vénération publique des fidèles.

De plus, en vertu de la même autorité, Nous permettons qu'on dise en son honneur l'office et la Messe du Commun des Vierges avec les Oraisons propres approuvées par Nous, conformément aux rubriques du Missel et du Bréviare romain.

Mais Nous permettons de célébrer cette Messe et de dire cet office seulement dans le diocèse d'Autun, et dans toutes les églises des Maisons, quelque part qu'elles existent, dans lesquelles se trouve établi l'ordre des Religieuses de la Visitation de la Bienheureuse Vierge Marie, le 17 octobre, à tous les fidèles serviteurs de Jésus-Christ, tant séculiers que réguliers, qui sont tenus à la récitation des Heures Canonicales, et pour ce qui est de la Messe, à tous les prêtres qui se rendent aux églises où la fête est célébrée.

Enfin, Nous permettons que, dans l'année qui commence à la date de cette lettre, la solennité de la Béatification de la Vénérable servante de Dieu Marguerite Marie Alacoque soit célébrée dans le diocèse et dans les églises susmentionnées, avec office et Messe du rit Double Majeur ; mais Nous voulons que ce soit le jour qui sera désigné par l'évêque diocésain, et après que cette solennité aura été célébrée dans la basilique vaticane.

Tout ce, nonobstant les constitutions et ordonnances apostoliques ou autres choses contraires.

Or, Nous voulons que tous les exemplaires de cette lettre même imprimés, pouvu qu'ils soient revêtus de la signature du Secrétaire de la susdite congrégation des Sacrés Rites et munis du sceau du Préfet, obtiennent la même confiance, comme étant l'expression de Notre volonté, que l'on aurait sur l'exhibition de l'original même.

Donné au château de Gondolpho, sous l'Anneau du Pêcheur, le 19 du mois d'août de l'an 1864, le 19e de Notre Pontificat.

N., Card. Paracciani Clarelli.

PREMIER JOUR

MARGUERITE PURIFIÉE

Méditation

Oraison préparatoire. — Après avoir adoré la majesté de Dieu présente, humiliez-vous devant votre misère, et, anéanti dans votre bassesse, offrez à Notre-Seigneur votre méditation, en lui demandant la grâce qu'elle tende toute entière à sa plus grande gloire.

Premier prélude. — Représentez-vous la B. Marguerite, prosternée près du tabernacle, d'où sort à grands flots la lumière divine, qui va purifier son cœur.

Second prélude. — Priez Jésus de vous faire bien connaître la pureté qu'il inspire à sa fidèle servante, et demandez-lui la force de la reproduire en vous.

PREMIER POINT. — *Pureté de la B. Marguerite.* — Quand Dieu veut mettre à exécution les grands desseins qu'il a formés sur une âme, il a soin tout d'abord de la préserver du péché ou de la purifier. Il n'y a aucun accord possible entre la sainteté infinie de Dieu et l'âme en état de péché ; sa charité, d'où chaque bien émane, ne saurait entrer dans un cœur, sans consumer en même temps tout reste impur, capable de la souiller. A l'aide de ces lumières surnaturelles, tâchons de pénétrer dans l'âme de Marguerite, sur laquelle Dieu avait de si grandes vues. Une fois qu'elle eût revêtu la robe d'innocence dans le saint baptême, elle ne la perdit jamais. Que dis-je ? Sauf quelques taches légères, presque aussitôt effacées, l'éclat en fut à peine terni par cette poussière terrestre, dont nul, sans un secours spécial, ne peut se garantir dans cette vie mortelle. Représentez-vous donc cette belle âme, toute resplendissante d'un éclat céleste, et le Saint Esprit qui fait sa demeure en elle, comme dans le sanctuaire où il se plaît. Voyez comment ce Divin Esprit, sous les rayons d'en haut, dirige ses pensées et les empêche de se distraire loin du vrai bien; comment, dans un transport ineffable, il donne à sa volonté la force d'aimer et d'embrasser tout ce qui peut être agréable au Souverain Roi ; de fuir, comme d'instinct, jusqu'à la moindre apparence du mal. Ainsi dirigée, ainsi soutenue, ainsi possédée par l'Esprit Saint, l'ombre, le nom seul de péché, la seule pensée de déplaire à son Dieu, c'est assez pour faire mépriser à Marguerite toutes les jouissances de la terre et sacrifier mille vies. Tout en elle n'est, pour ainsi dire, que haine du péché. Bonheur inépuisable de la pureté ! Ame pieuse, ne vous lassez pas de contempler ce spectacle qui ravit le regard même de Dieu. Que cette vue enflamme vos désirs. Cette sainte ardeur pourra vous être d'un grand secours, pour travailler à vous purifier vous-même. Le succès ici dépend tout de la volonté. Sachez vous humilier de votre faiblesse et mettre votre confiance dans l'amour de Jésus, source, pour Marguerite, d'une si admirable pureté.

SECOND POINT. — *Comment Notre-Seigneur purifie la Bienheureuse.* — L'amour de Jésus est souverainement merveilleux, quand il travaille à conduire une âme au degré de pureté, qu'exige la communication pleine et entière de ses dons. Sans vous perdre dans ce champ immense, considérez seulement les moyens mis en œuvre pour purifier la bien-aimée de son cœur. D'abord il place Marguerite au sein d'une famille chrétienne, également éloignée des tristes nécessités de la misère, et des séductions de l'opulence. Bientôt il la retire à l'abri du cloître, pour lui procurer une éducation pieuse, et l'amener ensuite à la vie parfaite. C'est ainsi qu'il écarte les occasions extérieures et tout aliment du péché. Parmi ces faveurs, l'ennemi pouvait encore tendre ses pièges : Notre-Seigneur garda son épouse. Une lumière extraordinaire l'éclaira, dès l'enfance ; elle lui découvrit la laideur du péché, elle lui montra surtout l'ineffable tendresse de son Dieu et le bonheur d'être à lui. A cette vue, Marguerite, toute embrasée d'amour, avait une extrême horreur pour ce qui aurait pu lui ravir son trésor. Une piété filiale inconsidérée la jette un instant dans une voie périlleuse. Notre-Seigneur se présente à elle, couvert de plaies, haletant sous la croix, afin de la ramener. Dans la suite, il lui fit constamment sentir qu'il était là, près d'elle, voulant par sa présence, comme par un frein céleste, la retenir et la préserver des moindres imperfections. Et « ce sens profond de la sainteté de justice » que parfois il imprimait en elle, et ces doux reproches, et ces attraits amoureux, et ces justes rigueurs!... Comment raconter les opérations de Jésus dans un cœur, jaloux de lui appartenir sans réserve, quand il veut le rendre digne de son regard et de ses faveurs! Comment comprendre les industries de ce divin amant de la pureté. Oh! rentrez en vous-même ; examinez par quels moyens il a essayé de vous purifier, toujours hélas! sans succès. Que de fois sa main vous a préservée et vous n'y avez pas pris garde. Que de lumières méprisées! Quels élans vers le vrai bien, sacrifiés à des bagatelles! Et vous aussi, n'avez-vous pas entendu, au moins au fond du cœur, ses tendres plaintes? A vous aussi n'a-t-il pas dit : « Arrête, pourquoi m'offenses-tu? » N'a-t-il pas employé tour à tour la miséricorde et la justice, les rigueurs et la bonté?... O efforts d'un Dieu rendus inutiles par une âme, qui peut-être se regarde encore comme son épouse. O mon Roi, ô mon bien, quand me sera-t-il donné de ne plus vous offenser! Malheureuse que je suis! Tant que durera cette vie mortelle, n'aurai-je donc jamais le bonheur de me présenter à vous, pure de toute tache ? O mon Tout, suppléez vous-même à ma fragilité, et que je vive selon votre cœur.

Vertu pratique. — Vigilance attentive, afin d'éviter les petites fautes, surtout celles qui sont délibérées.

Lecture spirituelle. — Imitation de Jésus-Christ, liv. 1, ch. 25.

Oraison jaculatoire. — « Cor mundum crea in me, Deus. » Seigneur, créez en moi un cœur pur, comme le vôtre.

SECOND JOUR

MARGUERITE DÉTACHÉE.

Méditation.

Oraison préparatoire. — Comme dans la méditation précédente.

Premier prélude. — Représentez-vous Notre Seigneur, et son Cœur très-saint, d'où jaillit une flamme, qui entoure de toute part et ravit l'âme de la B. Marguerite; voyez cette âme, insensible à tout ce qui est terrestre, et abîmée doucement dans la pensée de son Dieu.

Second prélude. — Demandez la grâce de bien comprendre l'extrême détachement de

Marguerite et la voie qui l'y conduisit ; demandez aussi le courage d'imiter ses exemples, avec un parfait abandon à la divine Providence, qui a peut-être les mêmes desseins sur vous.

PREMIER POINT. — *Détachement de Marguerite.* — Le détachement du cœur, dans sa notion la plus exacte et la plus élevée, consiste à ne rien vouloir que Dieu. Une âme, vraiment détachée, ne cherche son repos qu'en Dieu, ne goûte de joie qu'en Dieu, ne considère d'autres intérêts que ceux de Dieu. Insensible à tout objet créé, elle se recueille dans le cœur et dans l'amour de son Dieu ; elle rejette sans peine tout ce qui pourrait déplaire à son unique bien, arrêter ou retarder les élans de sa tendresse. Un regard sur Marguerite ; penétrez jusqu'aux plus secrets replis de son âme pleinement détachée : avec un peu d'attention, vous trouverez là, réalisée, cette perfection que vous méditiez tout à l'heure. Rien de terrestre qui vienne solliciter, je ne dis pas une partie de ce cœur, une place dans ce cœur, mais une seule pensée, une seule affection d'un moment. La nature semble tout à fait morte : tant elle est soumise ! tant elle est loin de réclamer aucun droit, quand il s'agit même des plus impérieux besoins! Profond mépris des biens, des plaisirs, de l'estime du monde; douce indifférence à l'égard des affections et des joies purement humaines; oubli d'elle-même pour se perdre dans l'amour de son Dieu, et ne s'occuper des choses d'ici-bas qu'en son Dieu et pour son Dieu : voilà une faible ébauche, quelques traits à peine de ce détachement sans bornes. Quelle beauté ravissante! Que vous lui ressemblez peu! Examinez attentivement ce qui vous manque, et prenez la résolution de faire tous vos efforts, pour acquérir une si aimable vertu. Plus vous serez détaché des créatures et de vous-même, plus vous serez uni à Dieu.

SECOND POINT. — *Comment la Bienheureuse parvint à ce détachement.* — Sans perdre de vue la douce image, déjà présente à votre esprit, considérez, âme pieuse, la voie qui conduisit Marguerite à un si haut degré de détachement. Le céleste époux, qui se réservait, à lui seul, l'entière possession de ce cœur, mit ses premiers soins à éloigner ce qui aurait pu lui en dérober quelque chose; et ce qu'il était impossible d'éloigner, il le lui fit prendre en tel dégoût, que rien n'était capable de le tenter. Fort jeune encore, Marguerite perdit son père. On la renferma dès lors dans la maison maternelle, et là, privée de toute liberté, elle se vit réduite à une sorte d'esclavage. Mais l'appel de la grâce se fit entendre. Mille attraits irrésistibles l'entraînèrent doucement vers le cloître, et Jésus la cacha pour toujours aux regards, aux bruits, aux séductions du monde.

Dans sa vie nouvelle, une incessante application à la pénitence et aux austérités, une opposition presque systématique à ses goûts naturels de la part de ceux qui la dirigeaient ou étaient en rapport avec elle, ces lumières d'en haut qui lui découvraient jusqu'au plus imperceptible désordre de ses actes et de ses mouvements intérieurs, le sentiment profond de la majesté et de l'amour de son Époux, toujours présent à son regard, les tendres reproches, les suaves attraits; tout s'unit pour travailler et façonner cette âme, pour la transformer et ne lui laisser aucun mouvement, qui ne fût tout à fait pur. Ah! c'est peut-être par cette voie que Dieu veut aussi vous conduire, âme pieuse; peut-être vous l'a-t-il manifesté, ce dessein de sa Providence. Et vous, quelle a été votre réponse, dites-moi? Jusqu'ici n'avez-vous pas résisté à celui qui se propose en tout votre bien? En ce moment même, n'êtes-vous pas rebelle à sa grâce! Hélas! vous ne savez pas voir, dans ce qui vous arrive de désagréable, la main de votre Dieu. Vous vous croyez délaissée, rejetée, lorsque le Bon Maître a recours aux moyens énergiques, pour vous dégager des créatures, et vous attacher toute à lui. Erreur funeste! Quels trésors vous enlèvent en un instant vos résistances aux opérations de la grâce, qui cherche à vaincre les obstacles et à vous faire trouver la pleine possession de Dieu! La B. Marguerite fut autrement docile! Comparez sa conduite avec la vôtre: que tant de lâcheté vous couvre de confusion; proposez-vous d'être plus généreuse, priez avec ardeur pour l'avenir.

Vertu pratique. — Examinez quel est l'objet crée, qui occupe le plus votre cœur, et tâchez de vous en séparer.

Lecture spirituelle. — Imitation de Jésus-Christ, liv. 3, ch. 32.

Oraison jaculatoire. — « Quid mihi est in cœlo, aut à te quid volui super terram? Deus cordis mei, et pars mea, Deus in œternum. » Seigneur, mon Dieu et mon Tout, que pourrais-je aimer au ciel et sur la terre, en dehors de vous?

TROISIÈME JOUR

MARGUERITE ANÉANTIE

Méditation.

Oraison préparatoire. — Comme dans la méditation précédente.

Premier prélude. — Représentez-vous Notre Seigneur dans l'attitude, où parlant un jour à Marguerite, il lui manifesta son désir de trouver en elle la « disciple » de son Cœur, surtout de son Cœur humilié.

Second prélude. — Demandez à Jésus la grâce de comprendre les progrès de la Bienheureuse dans l'humilité, et la force de suivre ses exemples.

PREMIER POINT. — *Application de Marguerite à connaître les anéantissements de son Dieu.* — C'est un abaissement bien profond pour un Dieu, que de prendre une chair mortelle, et de se présenter à l'homme sous une forme humaine; la simple idée d'un tel prodige devrait nous plonger dans l'admiration, et en quelque sorte bannir de notre esprit toute autre pensée. Mais, quand ce Dieu invite spécialement une âme à contempler ses abaissements, et à venir apprendre de lui l'humilité, pourrait-elle, cette âme privilégiée, demeurer insensible et trouver ailleurs quelque attrait? Voyez, âme pieuse, avec quelle application la « disciple » du Sacré-Cœur s'efforce de comprendre les anéantissements de son Roi, autant qu'il lui est permis de les comprendre sur cette terre. Un Dieu anéanti dans l'Incarnation, un Dieu anéanti sur la croix, un Dieu anéanti sous les voiles du Sacrement, Bethléem, le Calvaire, le Tabernacle, ces grandes merveilles de l'amour sont continuellement devant ses yeux. Elle considère comment, dans l'Eucharistie, son Divin Maître cache à tous les regards et les perfections divines, substantiellement unies à son humanité, et les richesses immenses des dons créés, qui ornent sa sainte âme.

Elle contemple cet état d'humiliation et d'abaissement, que son Jésus choisit par amour; elle sent tout cet excès de mépris, de dérisions, d'opprobres, dont une cruelle malice accable son Jésus; et elle reste toute abîmée dans la contemplation du souverain Bien, ignoré, méconnu, rejeté, si dédaigné par de viles créatures, qu'elles osent tout contre lui, sans rien craindre de sa colère. En vérité, le démon même n'est pas mis si bas, dans l'appréciation des hommes.

Oh! de quels sentiments Marguerite est alors pénétrée! Ame pieuse, si vous méditez sérieusement les humiliations de votre Dieu, non, vous n'aurez plus autant de difficulté à vous soumettre aux adorables desseins de la Providence. Peut-être même un généreux élan vous entraînera-t-il à la suite de votre Dieu. Le Cœur sacré de Jésus veut que vous appreniez de lui l'humilité, qu'avez-vous fait jusqu'ici pour répondre à ce désir? Réfléchissez, et déterminez ce qu'il vous convient de faire.

SECOND POINT. — *Générosité de Marguerite à imiter son Dieu anéanti.* — Représentez-vous une jeune Vierge, dont tout l'extérieur respire la modestie, recueillie en elle-même, abîmée tout entière dans la contemplation des abaissements infinis de son Dieu. Le seul désir de son cœur est de vivre inconnue, cachée, ignorée, méprisée; ses lèvres ne s'ouvrent plus que pour demander l'oubli et les opprobres; en toute chose, elle s'étudie à passer inaperçue ou à trouver l'humiliation. Son plus grand soin est de se soustraire elle-même, et ses dons aux regards des hommes. Tout ce qui paraît honorable, elle le fuit avec horreur, une sorte d'instinct l'en éloigne. Toute marque d'estime l'afflige profondément; elle garde le silence devant les blâmes et les affronts; les critiques, les outrages la comblent de joie, enfin, elle se regarde et voudrait être regardée comme le rebut de l'humanité, la honte de la nature entière. Ame pieuse, ces quelques traits, vivement retracés dans votre esprit, vous donneront une idée du zèle de Marguerite à imiter le cœur très-humble de son Dieu. Et pour compléter le tableau, tandis qu'il est sous vos yeux, voyez cette suite d'humiliations profondes, qui remplirent toute sa vie et furent son pain de chaque jour. La présence continuelle de la divine Majesté la jette dans une confusion indicible; elle lui montre à chaque instant la nature de l'homme et sa volonté perdues en quelque sorte dans un abîme de corruption et d'ignominie.

A cette action immédiate de Dieu, ajoutez les mauvais traitements, les persécutions de la maison paternelle, les épreuves de la vie religieuse, la honte de se voir traiter comme une visionnaire.

La Bienheureuse acceptait tout, elle était contente de tout; elle souhaitait de toutes ses forces, elle cherchait plus de mépris encore, afin de vivre dans un anéantissement complet, et dans une parfaite ressemblance avec son Dieu humilié. A la vue d'une ardeur si héroïque et d'une telle générosité, gardez-vous de perdre courage, ô vous qui méditez ces grandes leçons. On arrive au sommet par degrés. Si vous savez vous mettre à l'œuvre, et prêter l'oreille aux invitations, que Jésus ne cesse de vous adresser, il vous inspirera, lui, la sainte ambition de remporter d'autres victoires.

A l'exemple de Marguerite, ne refusez pas au Cœur très-humble de votre Dieu, le sacrifice qu'il vous demande en ce moment, et abandonnez-vous à son amour.

Vertu pratique. — Mettez aujourd'hui un soin particulier à tenir caché tout ce qui serait de nature à vous attirer l'estime des hommes; acceptez volontiers toutes les humiliations que Dieu pourra vous envoyer.

Lecture spirituelle. — Imitation de Jésus-liv. 3, ch. 7, 8.

Oraison jaculatoire. — « Bonum mihi quia humiliasti me. » Seigneur, j'accepte l'humiliation, comme un don de votre main.

QUATRIÈME JOUR

MARGUERITE OBÉISSANTE

Méditation

Oraison préparatoire. — Comme dans la méditation précédente.

Premier prélude. — Représentez-vous la B. Marguerite, soupirant après le bonheur d'être en adoration devant le tabernacle, fidèle cependant à suivre les diverses prescriptions de l'obéissance.

Second prélude. — Demandez à Jésus de comprendre combien l'holocauste de sa bien-aimée était agréable à son Cœur, et de pouvoir lui en offrir un semblable.

Premier point. — *Héroïsme de Marguerite dans l'obéissance.* — Il n'y a jamais qu'un guide sûr dans la voie de la perfection, l'obéissance. C'est à l'obéissance surtout que Dieu dispose les âmes, qu'il veut conduire au sommet de la sainteté; cette vertu est l'objet de ses plus chères complaisances. Pour comprendre cette double opération de la grâce en Marguerite, rappelez-vous la docilité qu'elle montra, dès la plus tendre enfance, à recevoir les ordres de ses parents et de tous ceux qui avaient quelque autorité sur elle. Voyez comment, dans la vie religieuse, elle offrit à Dieu le sacrifice de sa volonté et persévéra toujours dans une dépendance absolue. Sa personne, ses actions, ses œuvres, ses pensées, ses sentiments les plus secrets, tout était soumis à l'obéissance, tout était dirigé par l'obéissance. L'obéissance réglait les dons même de Dieu, les communications surnaturelles, les lumières extraordinaires, cet attrait merveilleux pour l'oraison et le recueillement, enfin la solitude et le silence, qui sont l'aliment de la vie intérieure. Il y avait en elle un désir, le désir bien ardent d'être avec Jésus, auprès du tabernacle; son amour ne formait plus qu'un vœu, recevoir son Dieu, vivre abîmée et perdue dans le cœur de son Dieu, s'occuper uniquement à propager son culte : ce désir même et ce vœu de son amour, elle les subordonnait à l'obéissance et au bon plaisir de ses supérieurs. Son unique joie était de tenir tout son être, tout ce qui s'opérait en elle de naturel ou de surnaturel dans une entière soumission aux représentants visibles de l'autorité divine. Ah! comme elle avait compris que, s'il fallait monter sur la croix pour être avec Jésus, il fallait, à sa suite, y monter en obéissant. Et vous, âme pieuse, quelles réflexions vous inspirent, dites-moi, ces grands exemples de renoncement? La soumission vous coûte peut-être, et il n'est question pourtant ni de dons extraordinaires, ni de sentiments intimes, mais de la seule volonté, ou même de la simple exécution. Que vous êtes loin de l'obéissance parfaite! Hélas! vous ne le comprenez pas, cette vertu est le chemin de la sainteté et le moyen le plus facile de gagner le cœur de Dieu. Déplorez votre aveuglement, prenez des résolutions pour l'avenir,selon les lumières que Dieu vous aura communiquées.

SECOND POINT. — *Combien l'obéissance de Marguerite était agréable au Sacré-Cœur.*— La vie de Marguerite fut vraiment une immolation à l'obéissance la plus parfaite, afin de plaire au Divin Maître. Ame pieuse, tâchez de vous figurer les sentiments qu'une telle immolation faisait naître dans le cœur de Jésus. Grand Dieu ! qui pourrait redire ces merveilles ? L'obéissance forçait-elle Marguerite à s'éloigner de Jésus ? Jésus venait à elle, et l'enivrait de son amour. L'obéissance éprouvait-elle par quelque traitement pénible les dons et les faveurs célestes, que Jésus répandait sur son Épouse? Jésus se montrait aussitôt, il assurait sa bien-aimée qu'elle était agréable à son Cœur, il lui faisait oublier toutes les peines par de nouveaux bienfaits. Fallait-il des miracles ? Jésus s'empressait de les accomplir, pourvu que l'obéissance n'en souffrît pas. A la victime choisie par son amour, Jésus demandait une immolation aussi complète que la sienne. Et maintenant que tous ces témoignages extérieurs vous servent de degrés pour monter plus haut ; allez jusqu'au Cœur de Jésus, et tâchez de sentir la douce joie, qui le remplit. Le sacrifice de Marguerite, consommé sur l'autel de l'obéissance, offrait à ce Divin Cœur tout ce qui était de nature à lui plaire. Détachement de toutes choses, détachement même de la possession de Dieu, en tout ce qu'elle renferme de consolations et de douceurs, distinctes de la substance du souverain bien ; mépris sans bornes d'elle-même, prompte soumission aux lumières et aux volontés d'autrui, ces marques certaines d'un cœur vraiment humble ; sacrifice de toutes les satisfactions que la nature a le droit de se réserver, à la gloire et à l'honneur de son Dieu ; en un mot, cette charité sans mélange, qui s'empare du cœur, et de tout ce qu'elle trouve dans le cœur, pour l'immoler à l'amour infini. Voilà les présents qu'aime Jésus ; voilà les offrandes qui charment son Cœur Sacré ; c'est là l'entière et pleine correspondance à sa tendresse, celle du moins qui est à la portée d'une simple créature. Aussi quelles délices pour lui dans cette âme fidèle ! Il était forcé en quelque sorte de le manifester par des signes extérieurs, et souvent par l'éclat des miracles. Oh ! si vous saviez obéir ! Ame pieuse, il ne tiendrait qu'à vous de faire goûter sans cesse au Cœur de Jésus les mêmes consolations ; il ne tiendrait qu'à vous de vivre dans une entière et continuelle immolation à son amour, dans un sacrifice très-beau en lui-même, très-facile pour vous, souverainement agréable au Cœur du bon Maître. Pourquoi donc n'embrassez-vous pas l'obéissance, une obéissance affectueuse, universelle et constante ? Et si un moment vous étiez entrée dans cette voie de l'amour, pourquoi vous en éloigner si tôt ? Songez qne votre Dieu voulut finir sa vie par un acte d'amoureuse obéissance, et demandez-vous ensuite ce qu'il vous convient de faire. Priez.

Vertu pratique. — Parfaite obéissance aux ordres de n'importe quel supérieur; outre l'exécution extérieure, soumission de la volonté à ce qu'on vous commande.

Lecture spirituelle. — Imitation de Jésus-Christ, liv. 3, ch. 13.

Oraison jaculatoire. — « Domine, doce me acere voluntatem tuam » .Seigneur, apprenez-moi à obéir et à faire en tout votre sainte volonté.

CINQUIÈME JOUR

MARGUERITE UNIE A DIEU

Méditation

Oraison préparatoire. — Comme dans la méditation précédente.

Premier prélude. — Voyez la B. Marguerite, à genoux devant le Très-Saint Sacrement, immobile, portant sur son visage transfiguré, le doux reflet de cette joie céleste, qui inonde son cœur.

Second prélude. — Demandez au Sacré-Cœur de comprendre la manière toute divine, dont il s'unit à la B. Marguerite dans les liens de l'amour, et de ne mettre aucun obstacle à tout ce que sa bonté voudra opérer de semblable en vous.

Premier point. — L'union avec Dieu est le comble de la sainteté et le vrai bonheur de l'âme. Elle a pour fondement la grâce habituelle, qui, en nous élevant à la participation de la nature divine, nous fait amis de Dieu, enfants de Dieu, cohéritiers de Jésus-Christ ; elle se développe et se perfectionne par une suite d'actes, qui sont, pour ainsi dire, l'exercice constant de cette amitié pleine de charmes entre la créature et son Dieu. L'âme unie à Dieu ne s'occupe que de son Bien suprême, elle est incapable d'aucune autre pensée; dépouillant toute autre affection, l'amour de son Tout la pénètre doucement. Sur le cœur de son Dieu, elle s'endort du sommeil de la paix ; et si parfois quelque bruit la réveille, les intérêts de Celui qu'elle aime peuvent seuls la tirer de son repos. Pas un regard, pas un mouvement, pas une action qui ne réclame le devoir ou la charité, c'est-à-dire le bon plaisir ou la gloire de la divine Majesté. Et même en travaillant pour cette gloire, elle a soin de tenir toujours les yeux fixés sur son Bien infini ; ce regard amoureux est une protestation continuelle de la joie qu'elle trouve à lui appartenir sans réserve. Ame pieuse, c'est là, en raccourci, le portrait de Marguerite; c'est le tableau des pensées et des affections qui l'occupaient à chaque instant, Stimulée par l'ardeur, dont Jésus l'animait, attirée par ses ineffables douceurs, elle se trouva unie à Dieu, avant même d'avoir pu se rendre compte de cette insigne faveur. Aussi quel empressement à lui consacrer, dès ses premières années, toutes ses facultés, tout son être ! Quelle peine à supporter ce qui n'avait pas rapport à l'objet de son amour ! Sitôt que ses occupations lui donnaient un peu de loisir, quelle joie pour elle de se retirer dans un lieu écarté, ou de s'agenouiller près de l'autel, et là, de satisfaire librement son désir, d'être tout à Jésus et avec Jésus ! Non, elle ne connaissait pas d'autre bonheur en ce monde. Le divin Epoux, de son côté, lui faisait sentir sa présence avec tant de force, qu'elle était dans la douce nécessité de ne penser qu'à lui et de se consumer dans l'anéantissement et l'amour. Elle semblait toujours comme ravie en son Dieu ; en lui et par lui toutes ses joies ; de lui seul le principe et la règle de sa vie et de ses actions. Considérez son maintien, dans tout ce qu'elle fait, partout où elle se trouve ; observez sa conduite, ses paroles, parmi cette multiplicité d'occupations, qui se rencontrent parfois dans la vie religieuse. Une modestie vraiment angélique, la modération et la prudence, qui dirigent tous ses discours , la paix et le calme qui paraissent dans tout son extérieur, montrent clairement qu'une correspondance ineffable aux faveurs de son Dieu a établi son cœur bien au-dessus de la terre, dans la plénitude de la lumière et de l'amour. Heureux moment, où Jésus visitait cette âme, dont il était le seul maître, où il perçait ce cœur de chastes blessures ! Marguerite n'était plus de la terre, le ciel était sa demeure, aucun lien ne l'enchaînait plus ici-bas. Et vous, âme pieuse, si vous n'êtes pas insensible à la beauté et à la sublimité d'un tel spectacle, si la vue d'une âme ravie tout entière en son Dieu vous a touchée, excitez en vous le désir de ne mettre aucun obstacle à l'action de la grâce, mais de la seconder généreusement et de vous disposer ainsi à cette union, qui seule vous donnera le vrai Bien.

SECOND POINT. — *Comment on peut se disposer à une union semblable.* — L'âme, qui veut arriver à la parfaite union avec Dieu, doit avoir d'abord une disposition : c'est de ne se laisser ni enorgueillir par la beauté, ni décourager par la sublimité de ce don. Le Saint-Esprit demande un cœur humble et généreux, pour opérer ses merveilles. Et, remarquons-le en passant, il n'y a pas d'orgueil à se proposer, comme terme de ses désirs, cette sorte d'union avec Dieu, qui n'est autre chose que la manifestation et comme l'exercice continuel de l'amitié. Dieu lui-même nous y invite; et si on a soin de garder l'esprit de détachement, inséparable de la vraie humilité, il n'y a rien dans cette tendance, qui doive exciter le moindre mouvement d'orgueil. Sans doute, Dieu comble des plus précieuses faveurs l'âme, qu'il s'unit ; mais ces faveurs, l'âme ne songe pas à les rechercher, dans son élan vers Dieu. Ce qu'elle veut trouver, c'est la présence de son Divin Époux ; elle brûle de lui consacrer, de lui immoler entièrement son cœur. D'autre part, cette offrande généreuse, qui lie toujours la créature à son Dieu et lui fait comme une nécessité de vivre en tout de son amour, ne présente aucune difficulté, capable de décourager une âme généreuse. Oh! si Notre-Seigneur agit lui-même, si, lui-même, il vous met dans cet heureux état, qu'avez-vous à craindre? A lui de donner la grâce ; et pour lui, et pour sa grâce, il n'est rien d'impossible. N'avez-vous, pour tendre à cette haute perfection, que des secours ordinaires? cette immolation, ne l'oubliez pas, admet des degrés, comme en admet l'exercice même de l'amitié. Pourriez-vous encore, âme pieuse, pourriez-vous refuser à votre Dieu le sacrifice complet de vous-même? Ne vous est-il pas facile, en vous tenant habituellement dans cet état d'immolation et en correspondant à la grâce, de veiller sur vous-même, d'éviter ce qui déplairait au Divin Maître, de rendre toute votre conduite agréable à ses yeux! Hé bien! voilà à quoi se réduit pratiquement la générosité nécessaire pour vous disposer à la possession de votre Bien infini... Oui, pour entrer dans le détail, redoublez de ferveur et d'amour, durant le temps des exercices spirituels, que vous vous êtes prescrits, dans le but de consacrer au Divin Roi chaque jour de votre vie; ayez soin, durant la journée, de rappeler souvent à votre esprit et à votre cœur le Maître que vous servez; dites-lui votre amour, vos consolations, vos tristesses. Si les devoirs de votre état vous laissent quelques moments de liberté, qui vous empêche de vous recueillir en Dieu, et de vous attacher à lui, dans une étreinte de reconnaissance et d'amour! C'est là le chemin ordinaire de la perfection; c'est par là que l'amante du Sacré Cœur parvint au suprême triomphe de la charité. Examinez ce qui vous manque; voyez de quelle manière vous devez, dans la pratique, tendre au degré d'union, à la portée de vos forces, et vous disposer à ceux que la miséricorde de Dieu pourrait vous destiner.

Vertu pratique. — Recueillement intérieur, solitude et silence, autant que le permettront les devoirs de votre état.

Lecture spirituelle. — Imitation de Jésus-Christ, liv. 2, ch. 1.

Oraison jaculatoire. — « Tibi dixit cor meum : exquisivit te facies mea ; faciem tuam, Domine, requiram. » Seigneur, mon regard se tournera toujours vers vous, et mon cœur ne sait plus vivre sans vous.

SIXIÈME JOUR.

MARGUERITE VICTIME.

Méditation.

Oraison préparatoire. — Comme dans la méditation précédente.

Premier prélude. — Représentez-vous la B. Marguerite s'offrant à Jésus comme victime d'amour; voyez Jésus fixant sur elle un regard plein de tendresse et acceptant son offrande.

Second prélude. — Demandez au Sacré Cœur la grâce de connaître le prix de cette immolation et d'y tendre généreusement, à l'exemple de Marguerite.

PREMIER POINT.— *Marguerite s'immolant elle-même.*— La force de l'amour porte naturellement au sacrifice, le cœur uni à Dieu, le cœur embrasé de charité. Celui qui aime voudrait tout donner, et, après avoir tout donné, c'est encore un besoin pour lui d'immoler, souvent, hélas! aux dépens de la vertu, son être tout entier, afin de plaire à l'objet de son amour et de lui appartenir sans réserve. Rien de plus fréquent, dans le langage de l'amour, que ces expressions : mourir, s'immoler, se sacrifier, se consumer... Rien de plus ordinaire, dans les personnes qui aiment, que les soupirs, les tristesses, les défaillances. De là les élans spontanés du zèle, la soif d'entreprendre beaucoup, de faire beaucoup pour celui qu'on aime; qu'il faille abandonner ses propres intérêts, embrasser les souffrances et même affronter la mort, on n'hésite pas. Après ces quelques réflexions, rappelez-vous, âme pieuse, l'amour dont Marguerite brûlait pour Jésus, et disposez ainsi votre esprit à comprendre son insatiable désir des souffrances, des mépris, de la croix! Elle aimait avec constance, avec ardeur, avec générosité; même constance, même ardeur, même générosité dans son désir d'être et de paraître tout entière immolée à son Dieu.

Mais ce désir ne demeurait pas stérile. Pour se réduire à l'état de victime, elle recourait à tous les moyens permis à sa ferveur. Privations, travaux, austérités, éloignement du monde et de ses plaisirs, retraite, mortification des sens, abnégation de la volonté, veilles, abstinences, jeûnes, cilices, disciplines, rigueurs de toute sorte, rien n'était négligé. De sa nature l'amour est ingénieux à consumer sa victime; mais trouve-t-on en soi quelque chose de désagréable à celui qu'on aime, voit-on celui qu'on aime dans la tristesse, oh! alors toute modération devient impossible, on ne veut, on ne cherche qu'immolations. Et c'est là ce qui rendait si cher à Marguerite cet état de victime volontaire.

Sa conscience lui reprochait ses moindres infidélités; sans cesse elle avait devant les yeux son Dieu sacrifié pour elle et pour tous les hommes, et, malgré tant d'amour, oublié de tous, méprisé, insulté, foulé aux pieds, abreuvé d'outrages. O mon Roi, s'écriait-elle, qui me donnera mille cœurs, pour vous les offrir?... Que ne puis-je, en quelque manière, réparer tant d'injures faites à votre Cœur Sacré? Prenez du moins, ô mon Sauveur, prenez ma vie! Je ne consens à la garder encore que pour vous la sacrifier, que pour expier les offenses faites à votre amour. Considérez, âme pieuse, ce qu'il vous manque de ces sentiments généreux d'après les lumières reçues dans ce premier point, examinez comment vous devez imiter votre modèle, et faire de vous-même une victime consacrée à l'amour de Jésus.

SECOND POINT. — *Marguerite immolée par le Sacré-Cœur.* — Marguerite n'avait en son pouvoir que des moyens insuffisants pour s'immoler à l'amour de Jésus. Elle sentait au fond de son cœur un besoin immense de souffrir, et rien ne répondait à ce besoin. L'époux céleste lui vint en aide; il compléta lui-même ce qu'il attendait de sa fidèle servante, cette immolation tout à fait semblable à la sienne. Oui, Jésus lui-même, par les dispositions de sa Providence, prit soin du sacrifice, et du commencement à la fin de sa vie la victime resta sur l'autel. Ce sont des infirmités fréquentes; c'est la persécution de la part des siens, de la part des étrangers; c'est l'outrage, le ridicule jeté sur sa personne et sur ses entreprises; ce sont ses desseins mille fois traversés, les oppositions et les contradictions des hommes, les mauvais traitements des démons; c'est sa compassion pour certaines âmes du Purgatoire confiées à sa charité; ce sont les divines industries de son Époux pour l'attacher avec lui sur la croix. Considérez les divers instants de cette vie, tout entière vouée au sacrifice de l'amour; vous n'en trouverez pas un seul sans une souffrance spéciale. Il y avait, pour Marguerite, d'autres douleurs encore, et quelle n'en était pas l'intensité, dans un cœur comme le sien! La profonde connaissance qu'elle avait de Jésus, et l'amour qui la dévorait, la rendaient extrêmement sensible à l'offense de Dieu. Rien de plus doux à sa tendresse que de voir Jésus arbitre et maître absolu de son âme; mais cette joie elle-même n'était pas sans mélange: quand la majesté divine se communique pleinement, l'excès de sa grandeur produit, dans la créature, une sorte de saisissement qui la brise et la déchire. Ame pieuse, Dieu vous a-t-il jamais fait sentir sa majesté et sa bonté, vous comprendrez aisément quel devait être le martyre de la Bienheureuse, lorsque à toutes ses souffrances se joignaient les rigueurs de ce nouveau tourment. Quelle confusion pour vous! Comment! vous n'avez même pas la générosité de supporter, au moins avec résignation, les épreuves que vous envoie la divine Providence! Hélas! la moindre peine, une tentation, une injustice, c'est assez pour vous rendre infidèle à toutes les promesses faites au cœur de votre Dieu. Vous ne connaissez pas le prix de la croix, du moins vous l'aimez bien peu.

Pourtant, les âmes, que Jésus chérit plus tendrement, à qui il réserve plus de faveurs, qu'il prédestine aux délices de son Cœur Sacré, ne reçoivent-elles pas une plus large part de sa croix ? N'est-ce pas de ces âmes qu'il fait les victimes immolées sur l'autel de la charité? Déplorez votre faiblesse passée; et si vous êtes invitée à monter sur la croix, demandez force et courage à votre Amour crucifié; puis, abandonnez vous à sa sainte volonté.

Vertu pratique. — Ajoutez quelque mortification volontaire à l'acceptation amoureuse des souffrances que la Providence vous enverra.

Lecture spirituelle. — Imitation de Jésus-Christ liv. 2. ch. 12.

Oraison jaculatoire. — « Amores mei dulcissimi, Jesu et Maria, pro vobis patiar, pro vobis moriar, sim totus vester, sim nihil meus. (1) » O doux objets de mon amour, Jésus et Marie, que je souffre pour vous, que je meure pour vous; que je sois tout à vous, que je ne sois plus à moi.

(1) Aspiration du B. Berchmans.

SEPTIÈME JOUR

MARGUERITE ADORATRICE ET IMITATRICE DE LA VIE EUCHARISTIQUE DE JÉSUS

—

Méditation

Oraison préparatoire. — Comme dans la méditation précédente.

Premier prélude. — Jetez un regard de foi et d'amour sur le saint tabernacle, où Jésus est caché ; voyez, au pied de l'autel, la B. Marguerite prosternée dans une profonde adoration.

Second prélude. — Demandez à Jésus, par l'intercession de sa fidèle servante, lumière pour comprendre ce qui se passait dans le cœur de la Bienheureuse, et force pour l'imiter.

PREMIER POINT. — *Marguerite adoratrice.* — En commençant cette méditation, tenez votre regard attentivement fixé sur la B. Marguerite, au pied de l'autel ; contemplez avec un saint ravissement cette attitude toute angélique. Son attention à se rapprocher, même physiquement, le plus près possible du lieu où réside son Bien-Aimé, l'immobilité de toute sa personne, le profond respect répandu sur tout son extérieur, montrent clairement où vont les pensées de son esprit et les affections de son cœur. Considérez ce visage enflammé, ces tendres soupirs, les douces larmes qui coulent de ses yeux ! Ah ! la Bienheureuse sentait alors la présence de son Roi ; la beauté et la majesté de son Époux céleste la pénétraient tout entière. Ce n'étaient plus que transports, élans embrasés vers Jésus ; elle aurait voulu être comme la cire qui brûlait sur l'autel, et se consumer pour la gloire et l'amour de son Dieu. Dans cette adoration, son cœur s'unissait au cœur de Jésus, et cherchait là tout ce qui lui manquait pour rendre hommage à la majesté divine. Si jamais vous avez goûté les émotions de la piété, rappelez à votre esprit ce qui se passait en vous, aux jours et aux moments de plus grande ferveur. Enivré d'une douce joie, votre cœur débordait ; vous représentiez au Bon Maître votre indignité, vous protestiez de votre dévouement, vous n'aviez pas assez d'admiration, ni de louanges pour l'infinie bonté qui vous comblait de pareilles faveurs. Tous ces sentiments inondaient l'âme de Marguerite; c'était comme son état ordinaire, quand elle se trouvait devant Jésus, au pied de l'autel. De là ce pieux empressement à se rendre, dès qu'elle le pouvait, auprès de son Dieu ; ces longues heures du jour et de la nuit passées devant le tabernacle ; ces tristesses et ces regrets, quand il fallait, malgré ses désirs, renoncer à la présence de son Bien-Aimé, caché sous les voiles eucharistiques. Oh ! Jésus dans le tabernacle est l'aimant des âmes saintes, ou pour mieux dire, est la vie de leurs cœurs. Et vous, quels sentiments vous inspirent la tendresse et les transports de la Bienheureuse. La faiblesse de votre foi, votre indifférence pour Jésus vous éloignent souvent de la source de tout bien ; dans les courts instants passés auprès d'elle, votre insensibilité vous rend incapable d'adorer cette Majesté qu'un prodige inouï vous dérobe, et de correspondre à tant de bonté. Demandez-vous un compte exact de votre conduite envers la Sainte Eucharistie, et prenez des résolutions efficaces.

SECOND POINT. — *Marguerite imitatrice de la vie eucharistique de Jésus.* — L'assiduité des rapports avec une personne tendrement chérie fait passer en nous ses sentiments, ses pensées, tout ce qui a excité notre admiration. L'amour tend de sa nature à fondre en un seul les deux cœurs qu'il unit. Ame pieuse, jugez par là combien Marguerite, dont toutes les pensées étaient pour Jésus, qui toujours soupirait vers lui et passait avec lui de si longues heures dans des entretiens si fervents, a dû reproduire le modèle offert à son amour et retracer cette vie eucharistique, irrésistible attrait de son cœur. C'était peu pour sa tendresse d'une imitation ordinaire. Éclairée de cette lumière céleste qu'elle recevait avec telle abondance, elle méditait la vie eucharistique de Jésus ; elle s'efforçait de comprendre quel excès de charité poussait un Dieu à se donner tout à nous. Ce présent incomparable de la bonté souveraine lui découvrait tous ses mystères. Elle voyait le sacrifice continuel de son Roi, cet état de victime perpétuelle où il demeure, ces voiles qui le couvrent à tous les regards, à ceux même des âmes les plus favorisées ; cet abaissement profond, cet anéantissement devant son Père et devant les hommes ; en un mot, tous ces merveilleux exemples des plus hautes vertus, dont resplendit la vie eucharistique du Dieu d'amour. Cette connaissance et cette méditation attentive étaient comme un aiguillon pour Marguerite. Se donner, s'immoler sans réserve, se cacher et s'ensevelir en quelque sorte dans le cœur de son Bien-Aimé, ne désirer qu'humiliations et mépris, c'était là toute sa vie. Ame pieuse, ne cherchez pas ailleurs le secret de la sainteté héroïque, que les méditations précédentes vous ont montrée dans « la disciple » du Sacré-Cœur. Son désir ardent de se rendre semblable au Dieu de l'Eucharistie, accompagné de la douce confiance qui en découle, était pour Marguerite une excitation puissante aux vertus les plus difficiles. Oh ! croyez-le, il est impossible de connaître Jésus, et de ne pas se sentir attiré par les charmes divins qui brillent en Lui. Si vous songiez plus souvent aux exemples admirables, qu'il vous donne dans la Sainte Eucharistie, tout vous deviendrait plus facile : le recueillement, l'humilité le sacrifice, les vertus, en un mot, dont vous sentez le plus grand besoin. En terminant cette méditation, excitez en vous un vrai désir de connaître et d'imiter Jésus dans sa vie eucharistique. Priez.

Vertu pratique. — Passez aujourd'hui, en adoration devant le tabernacle, tout le temps que vos forces et les devoirs de votre état vous permettront d'y passer, et disposez-vous ainsi à imiter la vie eucharistique de Jésus.

Lecture spirituelle. — Imitation de Jésus-Christ, liv. 4, ch. 1.

Oraison jaculatoire. — « Adorabo ad templum sanctum tuum, et confitebor nomini tuo, Domine. » Seigneur, je vous adorerai dans votre temple, et je bénirai votre saint nom.

HUITIÈME JOUR

MARGUERITE CHOISIE POUR PROPAGER LA DÉVOTION AU SACRÉ CŒUR

—

Méditation.

Oraison préparatoire. — Comme dans la méditation précédente.

Premier prélude. — Représentez-vous la B. Marguerite, au pied de l'autel, considérant l'amour de Jésus pour les hommes, toute absorbée dans cette pensée; et le Divin Sauveur, du fond de son tabernacle, jetant sur elle un regard de complaisance.

Second prélude. — Priez Jésus de vous

faire pleinement connaître ce qui se passait dans son Divin cœur et dans le cœur de sa « *disciple chérie* » pendant qu'il lui révélait ses desseins; et demandez pour vous les mêmes sentiments.

PREMIER POINT. — *Le cœur de Jésus au moment où il fait choix de Marguerite.* La manifestation de son Cœur Sacré fut, de la part de Jésus, un complément à tout ce qu'il avait fait pour le salut du monde. Sa miséricorde imagina ce nouveau moyen pour obtenir des hommes une fidèle correspondance aux poursuites incessantes de sa charité et faire arriver ainsi jusqu'à eux les trésors, qu'il leur avait mérités sur la croix et qu'il tient spécialement en réserve dans le saint sacrement de l'autel. Considérez, âme pieuse, les sentiments du Cœur Sacré de Jésus, au moment de cette révélation. Ce sont les sentiments qui l'avaient animé au premier et au dernier instant de sa vie mortelle, quand il s'offrait à son Père. Ce sont les sentiments de cette heure suprême où, sur le point de se livrer à ses ennemis et de subir une mort cruelle, il voulut se donner à ses amis dans un sacrement d'amour, et leur préparer ainsi une vie toute divine. Oh! oui, son Cœur palpite des mêmes désirs, de la même tendresse, des mêmes sollicitudes. A toutes ces émotions s'en joignent d'autres non moins grandes : n'est-ce-pas un don nouveau qu'il va faire aux hommes? Enflammé des plus vives ardeurs, impatient de dévoiler son Cœur, mais blessé de l'ingratitude qu'il rencontre partout, Jésus tourne son regard vers sa « *disciple chérie,* » à genoux au pied de l'autel, se consumant en saints désirs de correspondre pleinement à l'amour de son Dieu. Il remarque en elle cette pureté, cette délicatesse de conscience qu'effraie l'ombre même de la plus légère faute; il voit le détachement absolu, la liberté complète de ce cœur, où les créatures n'ont plus aucun droit, dont elles ne peuvent surprendre une seule affection : vraiment cette âme n'a qu'une passion, l'amour de son Dieu; elle est prête à tout pour plaire à son Dieu. Cette âme généreuse, Jésus sentit qu'elle était à lui sans réserve, et il se complut en elle. Ciel! qui comprendra jamais ce que ressentit alors le divin Cœur? De quelles délices il fut enivré! avec quelle force l'ardeur de sa charité le pressait de se communiquer à sa bien-aimée, de lui découvrir ses secrets, de lui mettre en main ses pouvoirs. S'il vous est donné, âme pieuse, de goûter ces sentiments de votre Dieu, vous aussi, abandonnez-vous aux transports d'une sainte joie. Examinez ensuite de quelle manière Jésus fixe les yeux sur vous, quand vous êtes devant l'autel. Ce regard est-il un regard de complaisance? Trouve-t-il en vous cette pureté de cœur, ce détachement de la terre, ce désir sincère de ne vivre que pour son amour, comme il le souhaite avec tant d'ardeur? Quelle bonté en lui, quelle ingratitude en vous! Il veut peut-être se servir de vous pour quelque dessein spécial, et votre infidélité ne lui permet pas de vous le manifester. Prenez des résolutions et priez.

SECOND POINT. — *Le cœur de Marguerite, durant cette manifestation.* Renouvelez votre attention, âme pieuse, et considérez la suite du sujet qui vous occupe. Jésus a trouvé un cœur fidèle; son amour ne peut se contenir plus longtemps. Il se montre à Marguerite parmi des flots de lumière céleste, et, lui présentant son Cœur entouré de flammes, couronné d'épines, surmonté d'une croix, il lui confie la difficile mission de le faire connaître, aimer et honorer d'un culte public. Efforcez-vous de comprendre les sentiments divers, qui agitent l'humble Vierge. Elle chérissait son

Époux divin; mais, cette fois, la force de sa tendresse la ravit hors d'elle-même. Jésus lui apparaît avec les marques de la souffrance, sa voix retentit pleine de tristesse; Marguerite partage les douleurs de son Bien-aimé. Les volontés du souverain Maître une fois connues, toutes les puissances de son être se portent à les exécuter; mais à la vue de sa bassesse, de son peu de force pour une telle mission, elle se sent presque défaillir. — O mon Dieu, ô mon Tout, s'écrie-t-elle enfin, vous savez que tout en moi vous appartient sans réserve; mais vous savez aussi que je suis trop faible pour une si grande entreprise. Que ne suis-je ce que je devrais! je me mettrais aussitôt à l'œuvre! Mon néant vous est trop connu; je vous en supplie, réservez vos faveurs pour de plus dignes, afin que votre bonté recueille les fruits, qu'elle désire. — Non, ma fille, répond Jésus; je veux me servir de ton néant, pour mieux faire éclater la force de mon amour. — Contraste merveilleux! L'humble refus de Marguerite transperce le Cœur de Jésus, et de ce cœur transpercé jaillit une flamme céleste, qui la fortifie et la détermine à suivre les saintes volontés de son Dieu. L'amour triomphe; Marguerite se soumet à tout ce qu'il exige. Un regard sur votre propre cœur. Est-il digne des intimes communications du Cœur de Jésus? Dans les visites qu'il reçoit, est-il assez humble pour se soustraire à la gloire? Est-il docile à l'appel de son Dieu. Pauvre cœur!... Si vous saviez, âme pieuse, user des dons que Jésus vous fait, quand il daigne venir à vous et vous manifester ses desseins! Rappelez vous avec amertume ces longues oppositions faites à sa tendresse, et réglez votre conduite pour l'avenir.

Vertu pratique. — Fidélité à recevoir et à mettre en pratique les inspirations de la grâce.

Lecture spirituelle. — Imitation de Jésus-Christ, liv, 3, chap. 1, 2. 3.

Oraison jaculatoire. — « Domine, quid me vis facere? » Seigneur, que voulez-vous que je fasse?

NEUVIÈME JOUR

MARGUERITE ZÉLATRICE DE LA DÉVOTION AU SACRÉ-CŒUR

Méditation

Oraison préparatoire. — Comme dans la méditation précédente.

Premier prélude. — Représentez-vous la B. Marguerite au milieu de ses novices, vénérant avec quelques autres personnes la première image du Sacré-Cœur.

Second prélude. — Demandez à Jésus de comprendre l'ardeur qu'il répandit dans l'âme de sa bien-aimée, et d'en ressentir la force toute divine.

PREMIER POINT. — *Zèle de Marguerite à propager la dévotion au Sacré-Cœur.* — Dès que Marguerite eut vaincu les répugnances de son humilité et accepté l'œuvre qui lui était confiée, une flamme nouvelle s'alluma dans son cœur ; son courage alla jusqu'à l'héroïsme, dans l'accomplissement de sa mission. Elle en fit part, tout d'abord, aux personnes qui l'entouraient ; l'ardeur et l'onction de ses paroles déterminèrent le premier triomphe de l'amour. Mais la tempête ne tarda pas à se déchaîner. Si les cœurs simples vont à Jésus avec la candeur de l'innocence, d'autres se font une vertu de se tenir en garde contre toute dévotion nouvelle, et croient servir la cause de Dieu en s'opposant aux essais du zèle, que l'expérience n'a pas consacrés. Un orage terrible éclate donc sur la Bienheureuse ; la persécution attaque soudain et l'œuvre elle-même et celle qui la propage. Difficultés de toute sorte, soupçons, insultes, mépris; le torrent n'a plus de digue, il se précipite avec fureur. Rien ne peut ébranler Marguerite. Fortifiée par la charité de son Dieu, elle supporte tout, elle oublie tout, et, morte à tout autre sentiment, elle ne vit que pour son œuvre. Elle s'entretient secrètement avec son Époux des intérêts de son Cœur, parle, prie, agit de toutes ses forces pour gagner les autres à sa cause, à la cause de Jésus. Jamais de découragements. Les refus et les humiliations lui inspirent plus de confiance. Quand elle voit la flamme sainte allumée dans un cœur, elle s'efforce de la nourrir et de la mettre au service de son œuvre. La patience de la Bienheureuse, sa douceur dans les épreuves, unies à l'insinuation la plus persuasive, ne tardèrent pas à gagner les personnes les plus rapprochées ; l'agréable parfum de cette patience et de cette douceur, que des lettres éloquentes rendaient encore plus efficace, étendit ses conquêtes au loin. Il fallait des miracles ; Marguerite les obtint de son Époux céleste. Les signes extérieurs, les images, les livres pouvaient être d'utiles auxiliaires ; son zèle avait mille industries pour s'en procurer ou en faire répandre. Comprenant ce que vaut l'autorité du Saint-Siège dans l'établissement d'une œuvre, elle ne négligea rien pour en obtenir l'approbation. Que ne fait pas un cœur dévoué à Jésus et aux intérêts de sa gloire ! Et vous, âme pieuse, sans doute vous n'avez pas reçu de Jésus une mission semblable ; mais pouvez-vous affirmer n'avoir jamais méconnu la volonté de votre Roi, en ce qui regarde votre perfection ou la perfection des autres? Quelle est votre conduite? Avez-vous souci de mener à bon terme les œuvres que vous entreprenez ? Comparez votre cœur au cœur de Marguerite, vos actions à ses actions, votre zèle à son zèle? Quelle différence ! Quelle honte pour vous ! Puisse ce grand exemple vous donner un peu d'élan et vous faire accomplir toutes les volontés de votre Époux céleste.

SECOND POINT. — *Qualités du zèle de Marguerite.* — L'immense succès, dont furent couronnés avec le temps les efforts de Marguerite, montra clairement que la propagation de la dévotion au Sacré-Cœur était l'œuvre de Dieu. Et pourtant le mérite de la Bienheureuse n'en est pas moindre. Jésus voulut se servir de l'humble vierge ; le zèle qu'elle apporta dans sa coopération, l'humble vierge le régla sur le Cœur de son Époux. Ame pieuse, suivez les manifestations de ce zèle que vous avez considéré dans le premier point ; tâchez d'en pénétrer les qualités vraiment célestes. Il avait certes toute l'ardeur de la flamme ; mais c'était une ardeur qui savait s'unir à la patience. Son activité et son énergie s'alliaient avec une douce amabilité, jamais elles ne devinrent importunes. Armée de patience et d'amabilité, voyez la Bienheureuse s'avancer à la conquête des cœurs, pour les offrir à son Époux. Pas de nouvel avantage obtenu sans de nouveaux sacrifices; chaque triomphe est l'avant-coureur d'humiliations plus grandes et de douleurs plus vives. Marguerite ne se déconcerte pas; elle souffre, s'anéantit, et, dans la perte complète d'elle-même, trouve la joie ineffable de voir le Cœur de son Dieu connu et adoré. Comprenez-vous maintenant ce qu'elle déploya de force et de constance au service d'une gloire si chère? Oui, telles sont les qualités qui accompagnent un zèle ardent et généreux, quand la patience le soutient contre les épreuves, quand la douceur le modère et le préserve de l'impétuosité qui épuise. C'est là l'harmonie toute divine, que l'amour de Jésus inspire à ses serviteurs. Ame pieuse, tournez vos regards sur vous-même, voyez quel zèle vous anime! Est-ce le zèle de Marguerite? Ne cherche-t-il que Jésus? Sait-il se soutenir à travers les difficultés et les obstacles? Sait-il se modérer dans les triomphes, que vous ménage parfois la bonté de votre Dieu?

Que de pertes dues à vos lâchetés fréquentes ! Ah ! votre amour n'est pas sincère, malgré ses mille protestations. Non, non, sachez-le bien, ce n'est pas là la conduite d'une âme qui se croit toute à Jésus. Un regard encore sur le zèle ingénieux, doux, constant de la B. Marguerite; et, si vous sentez votre cœur rempli d'une humble confiance, prenez des résolutions et priez.

Vertu pratique. — Ne perdez aujourd'hui aucune occasion de faire connaître et aimer Jésus.

Lecture spirituelle. — Imitation de Jésus-Christ, liv. 3, ch. 5.

Oraison jaculatoire. — « Cor Jesu, flagrans amore nostrî, inflamma cor nostrum amore tuî. » Cœur très-aimant de mon Jésus, faites que je vous aime et que je vous fasse aimer de tous les hommes.

JOUR DE LA FÊTE.

MARGUERITE CONSOMMÉE PAR L'AMOUR.

—

Méditation.

Oraison préparatoire.— Comme dans la méditation précédente.

Premier prélude.— Représentez-vous la B. Marguerite, soit au moment où Jésus lui met dans la poitrine une étincelle du feu qui dévore son Cœur Sacré, soit à la dernière heure de son exil, quand sa vie n'est plus qu'un soupir de l'amour.

Second prélude.— Demandez au cœur de Jésus la grâce de pénétrer dans le cœur de sa « disciple chérie » et d'en rapporter une de ces flammes dont l'ardeur la consume.

Premier point.— *Vie consommée par l'a-*

mour.— Lorsque l'amour divin ne rencontre pas d'obstacle, il jette dans l'âme de profondes racines, il la transforme et la rend semblable à la sainteté même de Dieu, dont il tend à reproduire l'image. Examinez maintenant quelle dut être son action dans la B. Marguerite. Maître de ce cœur, dès l'âge le plus tendre, son règne y fut à jamais établi, et rien ne put lui disputer sa conquête. Ce fut dans Marguerite comme une émanation toute puissante du Cœur Sacré de Jésus ; ou plutôt les flammes mêmes dont Jésus est consumé la consumèrent aussi, du moins à partir du jour où le divin Maître lui embrasa le cœur par une étincelle tirée de son Cœur. Heureuse victime de ce feu divin, elle ressentait les peines et les joies de son Epoux, l'ardeur de ses transports et l'anxiété de ses défaillances. A la vue des offenses et des injures faites à son divin Roi, une profonde blessure déchirait son cœur, elle gémissait, elle était en proie à un cruel martyre.

En présence de la tendresse qui s'épanchait sur elle avec tant de plénitude, devant les célestes attraits de son bien-aimé, elle languissait éperdue, haletante et ne vivait que d'amour. Nulle autre joie pour elle que son Dieu. Nul autre désir que d'être semblable à son Epoux crucifié. Humiliations, souffrances de toute sorte, voilà ses seules délices. Sa tendresse embrasse dans une même étreinte et Jésus et la Croix ; elle ne sait point vivre sans Jésus, elle ne sait point vivre sans la Croix ; l'amour divin, maître unique de son cœur, lui donne et Jésus et la croix. Et dans quelle mesure possède-t-elle Jésus, quelle est sa part de la croix ? Sa part à elle, c'est le Cœur de Jésus, oui, le Cœur de Jésus transpercé, couronné d'épines, crucifié. Tels sont les triomphes de l'amour, ainsi il consomme toute sainteté. L'amour livre le cœur tout entier à Jésus, tout entier à la croix ; au cœur il donne en retour tout Jésus, le Cœur même de Jésus, il donne en retour la croix de Jésus. Comprenez bien, âme pieuse, ces opérations suaves de la charité divine. Oh ! si vous avez senti jamais ce que c'est que d'être à Jésus, si du moins, dans cette méditation, le Bon Maître vous a inspiré quelque désir de l'apprendre, abandonnez-vous aux flammes du saint amour, mais sans réserve, avec une entière libéralité. Demandez courage et force au Cœur de votre Dieu, suppliez votre Protectrice. De cet effort généreux dépend peut-être le triomphe définitif et éternel de l'amour de Jésus en vous.

SECOND POINT.— *Mort de Marguerite consommée par l'amour.* — Le triste hiver de cette vallée de larmes touchait à sa fin pour Marguerite. Tourterelle plaintive, elle soupirait vers son Bien-Aimé, elle brûlait de voir son Dieu sans voile et face à face. Aucun bruit du monde n'agitait son cœur, il était fermé à toute créature; Jésus seul en occupait tous les replis; seule la voix de Jésus s'y faisait entendre, et cette voix l'invitait aux ineffables embrassements du ciel. Désormais plus d'entraves pour elle; si les liens du corps ne la retenaient, son âme bénite prendrait l'essor vers la béatitude infinie. L'amour a fini son œuvre, il ne lui reste plus qu'à briser cette dernière chaîne, et l'heureuse captive s'envolera en toute liberté. O vous qui méditez, entrez une dernière fois dans le cœur de Marguerite. Voyez; le dernier combat a été livré, et c'est l'amour qui a vaincu. Après cette victoire, gage assuré du prochain triomphe, Marguerite est là, sur son lit de mort, réjouie dès ici-bas par un avant-goût de la félicité, que l'amour lui a préparée dans le ciel. Efforcez-vous de sentir cette plénitude de Dieu, où elle est comme submergée, ce repos, cette paix, ce ravissement de la plus sublime extase. Elle possède son Bien-

Aimé; elle sait, et cette certitude l'enivre de bonheur, elle sait qu'elle le possédera toute l'éternité; elle oublie presque qu'elle est sur la terre, dans un corps mortel. Cependant un voile lui dérobe son Divin Roi; encore un degré à franchir, pour être pressée sur son Cœur et s'unir à lui de l'union la plus étroite. Marguerite s'élance de toute la force de son amour, cet élan brise enfin les liens, qui, l'attachant au monde sensible, la retenaient loin du ciel. La voilà libre à présent; elle peut entonner le cantique de l'Agneau sans tache et s'enivrer des célestes joies de son Époux. Admirez le calme, le doux sourire, la céleste beauté resplendissant sur ce visage inanimé; c'est le calme, c'est le sourire, c'est la beauté de l'amour qui l'a consumée, et, après l'avoir sanctifiée, l'a rendue à son Dieu. Toutes les vicissitudes sont finies, les craintes ont disparu; Marguerite s'est dérobée pour toujours à la triste nécessité de déplaire à son Dieu. Pour elle, désormais, les peines sont changées en joies, les espérances en réalités, les courtes privations de la vie présente en l'entière et éternelle possession de la félicité sans mélange.

Son Jésus, son Dieu est tout à elle; et elle, perdue dans le cœur de son bon Maître, elle goûte l'ineffable bonheur d'être tout entière à son amour. Force divine de la tendresse de Jésus, irrésistible attrait de l'âme qui aspire au vrai bien, quand donc mon cœur deviendra-t-il la proie de tes flammes? Quand te verrai-je consumer en moi ce qui s'oppose à tes ardeurs? Quand me donneras-tu à mon Dieu? quand me donneras-tu mon Dieu? Voilà, âme pieuse, où conduit l'amour de Jésus. Trop heureux qui sait, durant sa vie et à sa mort, le faire triompher dans son cœur.

Vertu pratique. Aujourd'hui ne refusez rien de tout ce que Jésus pourrait vous demander pour établir son règne dans votre cœur.

Lecture spirituelle. — Imitation de J. C., liv. 3 ch. 34.

Oraison jaculatoire. — « Tu mihi solus es, tu mihi satis es » Seigneur, vous êtes mon seul bien, vous êtes tout mon bien.

PETITE COURONNE EN L'HONNEUR DE LA B. MARGUERITE MARIE

Deus in adjutorium, etc,

I. Disciple bien-aimée du Sacré-Cœur, vous en qui Jésus a répandu avec tant d'abondance ses lumineuses flammes, vous à qui il a manifesté le prix infini de son Divin Cœur, et qu'il a embrasée du plus ardent amour obtenez-nous, nous vous en conjurons, de connaître pleinement ce Cœur, et d'être, comme vous, l'heureuse proie de son amour :

Pater noster. — 5 *Gloria Patri.*

Cœur Sacré de Jésus, ayez pitié de nous.

Cœur immaculé de Marie, priez pour nous.

B. Marguerite Marie, priez pour nous.

II. Angélique adoratrice du Sacré-Cœur, vous qui n'eûtes d'autre désir que le Dieu de l'Eucharistie, qui auriez voulu vous consumer devant lui en respects et en hommages; faites que nous sachions, comme vous, adorer le Cœur de votre Roi, et participer ainsi à l'office et au bonheur des anges.

Pater noster. — 5 *Gloria Patri.*

Cœur sacré etc.

III. Amoureuse victime du Sacré-Cœur, qui n'eûtes d'ardeur que pour les souffrances et les humiliations, d'aspiration que pour la croix, d'amour que pour votre Dieu crucifié, désirant vivre et mourir immolée dans le Cœur de ce Dieu; ah! prenez pitié de notre faiblesse, obtenez-nous, par votre intercession, de comprendre les trésors de la Croix, afin que nous portions, au moins sans murmure, la part réservée à chacun de nous, et qu'ainsi semblables à Jésus dans la souffrance, nous le soyons aussi dans la gloire.

Pater noster. — 5 *Gloria Patri.*

Cœur sacré etc.

IV. Apôtre zélée du Sacré-Cœur, vous dont toutes les pensées et les affections furent employées à le faire connaître, aimer et honorer, vous à qui cette grande œuvre coûta tant d'efforts; obtenez-nous un zèle semblable au vôtre, apprenez-nous à propager la gloire du Divin Cœur, donnez-nous quelque part aux promesses faites par votre intermédiaire à tous ceux qui, dévoués à son culte, travailleraient à le faire connaître et aimer.

Pater noster. — 5 *Gloria Patri.*

Cœur sacré etc.

V. Amante incomparable du Sacré-Cœur, vous, dont l'amour fit, durant votre vie et à votre mort, une image parfaite du Divin Cœur, en vous consumant des ardeurs, qui le consument lui-même; demandez pour nous la grâce d'être consumés du même amour; que l'amour de Jésus soutienne seul notre vie, qu'il couronne notre mort d'une gloire sans fin.

Pater noster. — *Gloria Patri.*

Cœur sacré. etc.

PRIÈRE

O notre toute aimable protectrice, B. Marguerite-Marie, heureuse dépositaire des secrets et des promesses du Sacré-Cœur, et son apôtre auprès des hommes; nous louons et bénissons le Seigneur pour toutes les faveurs dont il vous a prévenue, pour toutes les grâces dont il vous a enrichie, et pour la fidèle correspondance qu'il a mise en vous.

Vous êtes maintenant tout entière abîmée dans le Cœur du Dieu que vous avez tant aimé, sans inquiétude pour vous-même, enivrée de bonheur à la source de toute grâce : obtenez du Cœur Sacré de Jésus qu'il verse sur nous l'abondance de ses bénédictions. Faites que nous suivions ses saints enseignements; que nous retracions dans toute notre vie ses adorables vertus; que nous l'honorions comme il le désire; que sa tendresse trouve en nous une correspondance entière, une générosité sans bornes à réparer nos torts et tous les torts des hommes envers son amour infini. Obtenez-nous encore... (Chacun détermine ici la grâce particulière qu'il désire).

Et si cette grâce n'est pas conforme à la sainte volonté de Dieu, nous vous en conjurons, ô notre aimable protectrice, demandez vous-même pour nous ce qui doit le plus contribuer à la gloire du Divin Cœur et au bien de nos âmes. — Ainsi soit-il.

℣. La grâce est répandue sur vos lèvres.

℟. C'est pourquoi le Seigneur vous a bénie pour l'éternité.

PRIONS

Seigneur Jésus, qui avez, d'une manière admirable, révélé à la bienheureuse Vierge Marguerite, les richesses incompréhensibles de votre Cœur; faites que, par ses mérites et à son exemple, vous aimant en tout, et par-dessus tout, nous demeurions éternellement dans ce Divin Cœur : vous qui vivez et régnez dans tous les siècles des siècles.

Ainsi soit-il!

Litanies de la B. Marguerite.

Seigneur, ayez pitié de nous, etc.

B. Marguerite, en qui l'Esprit-Saint faisait sa résidence.. etc.

LITANIES

EN L'HONNEUR DE LA BIENHEUREUSE SŒUR

MARGUERITE-MARIE ALACOQUE

RELIGIEUSE DE LA VISITATION SAINTE-MARIE DE PARAY
(SAONE-ET-LOIRE)

Décédée en odeur de sainteté le 17 octobre 1690

Béatifiée par S. S. Pie IX, le 18 *septembre* 1864

Kyrie eleison.	SEIGNEUR, ayez pitié de nous
Christe, eleison.	Jésus, ayez pitié de n.
Kyrie, eleison.	Seigneur, ayez pitié de n.
Jesu, audi nos.	Jésus, écoutez-nous.
Jesu, exaudi nos.	Jésus, exaucez-nous.
Pater de cœlis, Deus, miserere nobis.	Père céleste, qui êtes Dieu, ayez pitié de n.
Fili, Redemptor, mundi, Deus, miserere nobis.	Fils, Rédempteur du monde, qui êtes Dieu, ayez pitié de nous.
Spiritus sancte, Deus miserere nobis.	Esprit-Saint, qui êtes Dieu, ayez pitié de n.
Sancta Trinitas, unus Deus, mis. nobis.	Trinité sainte, qui êtes un seul Dieu, ay. pitié de n.
B. M. M. Sacrum Spiritus sancti habitaculum, ora.	B. M. M. en qui l'Esprit-Saint faisait sa résidence, priez pour nous.
B. M. M. devota Cordis Jesu victima, o.	B. M. M. Victime dévouée au Cœur de Jésus, priez.

B M. M. dont le cœur a été changé en celui de Jésus, priez pour nous.	B. M. M. cujus cor in Cor Jesu mutatum est, ora.
B M M. Paradis du Cœur de Jésus, p. p. n.	B. M. M. Paradisus Cordis Jesu, ora.
B. M. M. qui avez reçu pour dot le Cœur de Jésus priez pour nous	B. M. M. Corde Jesu dotata, ora.
B M. M. qui avez été inséparablement unie au Cœur de Jésus, priez.	B. M. M tota cum Corde Jesu conglutinata, ora.
B. M. M. qui avez illustré l'ordre de la Visitation par la dévotion au Sacré-Cœur de Jésus, pr. pour nous.	B. M. M. Honor hujusce ordinis cultu sacratissimi Cordis Jesu, ora.
B. M. M. qui avez eu le précieux avantage de vous reposer sur le Cœur de Jésus, pr. p. n.	B. M. M. qui supra Cor Domini recubuisti, ora.
B. M. M. qui avez parfaitement imité la douceur et l'humilité du Cœur de Jésus, priez pour nous.	B. M. M. dulcedinis et humilitatis Cordis Jesu imitatrix, ora.
B M. M. qui avez mis en dépôt vos plus riches trésors dans le Cœur de Jésus, priez pour nous.	B. M. M. cujus omnes thesauri et divitiæ fuerunt in Corde Jesu, ora.
B. M. M qui avez établi votre demeure dans le Cœur de Jésus, priez pour nous.	B. M. M. qui in Corde Jesu domicilium tuum posuisti, ora.
B. M. M. qui avez été les chers délices du Cœur de Jésus, priez pour n.	B. M. M. caræ deliciæ Cordis Jesu o.
B. M. M. chaste Colombe, qui avez fait votre nid dans le Cœur de Jésus, priez pour nous.	B. M. M. casta Columba nidificans in Corde Christi, ora.
B. M. M. qui, animée de	B. M. M. qui Dilecto

tuo jugiter adhærebas, et unus spiritus cum illo, o.
B. M. M. Sponsa electa, humilitatis Abyssus, jugis obedientiæ Victima, o.
B. M. M. cujus vita abscondita cum Christo in Deo, o.

B. M. M. Christo crucifixo cruci confixa, ora.
B. M. M. Ancilla fidelis Christi, ora.
B. M. M. dilecta a Regina Cœli, ora.

B. M. M. dono prophetiæ illustrata, o.
B. M. M. omnium desolatorum Consolatrix, ora.
B. M. M. vera Imago Cordis Christi or.
B. M. M. Zelatrix animarum salutis, ora pro nobis.
Agnus Dei, qui tollis peccata mundi, parce nobis, Dom.
Agnus Dei, qui tollis peccata mundi, exaudi nos, Dom.
Agnus Dei, qui tollis peccata mundi, miserere nobis.

Ant. O divinissima Christi Sponsa, quam

l'Esprit de Jésus, ne soupirez que pour ce Bien-aimé, priez p. n.
B. M. M. Epouse choisie, Abîme d'humilité, Victime d'une continuelle obéissance, priez p. n.
B. M. M. qui, agissant de concert avec Jésus, avez toujours caché votre vie en Dieu, priez p. n.
B. M. M. qui avez été attachée à la croix avec Jésus crucifié, priez.
B. M M. fidèle servante du Sauveur, priez p. n.
B. M. M. aimée tendrement de la Reine du Ciel, priez pour nous.
B. M. M. favorisée du don de prophétie, priez p. n.
B. M. M. Consolatrice de tous les affligés, priez,

B. M. M. Image vivante du Cœur de Jésus, pr.
B. M. M. ô vous, qui n'avez rien eu tant à cœur que le salut des âmes, pr.
Agneau de Dieu qui effacez les péchés du monde, pardonnez-nous, S.
Agneau de Dieu, qui effacez les péchés du monde, exaucez-nous, Seig.
Agneau de Dieu, qui effacez les péchés du monde, ayez pitié de nous.

Ant. O très digne Epouse de Jésus, qui avez été

éclairée du don de prophétie, honorée de la couronne des Vierges, embrasée du feu de l'amour divin.

℣. Priez pour nous, bienheureuse vierge Marguerite-Marie;

℟. Afin que nous soyons rendus dignes de l'amour du Cœur de Jésus, et des biens qu'il a promis.

PRIONS

O Dieu qui avez pris plaisir à vous préparer une demeure dans le cœur très pur de la B. Marguerite Marie, vous voyez le nôtre souillé des tâches honteuses du péché; daignez les effacer par les mérites et par l'intercession de cette Vierge, qui vous a été toujours très chère, afin qu'il ait aussi le bonheur de recevoir votre divine majesté. C'est la grâce que nous vous demandons par N. S. J.-C. Ainsi soit-il.

lux prophetiæ illustravit, laurea Virginum coronavit, divinis amoris incendio consummavit.

℣. Ora pro nobis, Beata Margarita-Maria;

℟. Ut digni efficiamur amore Cordis Jesu, et promissionibus ejus.

OREMUS

Deus, qui in purissimo corde Beatæ Margaritæ - Mariæ Virginis tuæ jucundam tibi habitationem præparasti, ejus meritis, et intercessione, cordis nostri maculas clementer absterge, ut digna divinæ majestatis tuæ habitatio effici mereatur. Per Christum Dominum nostrum. Amen,

PRIÈRES

DURANT

LA SAINTE MESSE

La Messe est de toutes les actions du christianisme, la plus glorieuse à Dieu et la plus utile au salut de l'homme. Jésus-Christ y renouvelle le grand mystère de la Rédemption; il s'y fait encore, dans un vrai sacrifice, quoique non sanglant, notre victime, et vient en personne nous appliquer à chacun en particulier les mérites de ce sang adorable qu'il a répandu pour nous tous sur la croix. Cela doit inspirer une haute idée de la sainte Messe, et faire souhaiter de la bien entendre; car y assister avec irrévérence, volontairement distrait, sans modestie, sans retenir ses yeux, sans attention, sans respect, c'est renouveler, autant qu'il est en soi, les opprobres du Calvaire, et déshonorer sa religion.

Pour éviter un si grand malheur, il faut y assister avec des dispositions chrétiennes; prendre l'esprit de Jésus-Christ, s'offrir avec lui et comme lui; entrer d'abord dans l'église pénétré d'un saint respect; s'y tenir dans une modestie et un recueillement que rien ne soit capable de troubler; et, pendant tout le sacrifice, n'avoir d'imagination, d'esprit, de cœur et de sentiment que pour honorer Dieu, et songer aux intérêts de son âme.

Comme les prières suivantes sont trop courtes pour une Messe haute, on y a joint des réflexions pratiques intérieures, dont on pourra se servir utilement pendant tout le temps que l'on aura de reste.

Prière avant la sainte Messe, pour se disposer à la bien entendre.

Je me présente, ô mon adorable Sauveur, devant les saints autels, pour assister à votre divin sacrifice. Daignez, ô mon Dieu, m'en appliquer tout le fruit que vous souhaitez que j'en retire, et suppléez aux dispositions qui me manquent.

Disposez mon cœur aux doux effets de votre bonté; fixez mes sens, réglez mon esprit, purifiez mon âme, effacez par votre sang tous les péchés dont vous voyez que je suis coupable; oubliez-les tous, ô Dieu de miséricorde; je les déteste pour l'amour de vous, je vous en demande très-humblement pardon, pardonnant moi-même de bon cœur à tous ceux qui auraient pu m'offenser. Faites, ô mon doux Jésus, qu'unissant mes intentions aux vôtres, je me sacrifie tout à vous comme vous vous sacrifiez entièrement pour moi. Ainsi soit-il.

COMMENCEMENT DE LA MESSE.

Au nom du Pére, et du Fils, et du Saint-Esprit. Ainsi soit-il.

C'est en votre nom, adorable Trinité, c'est pour vous rendre l'honneur et les hommages qui vous sont dus, que j'assiste au très-saint et très-auguste sacrifice.

Permettez-moi, divin Sauveur, de m'unir d'intention au ministre de vos autels, pour offrir la précieuse victime de mon salut, et donnez-moi les sentiments que j'aurais dû avoir sur le Calvaire, si j'avais assisté au sacrifice sanglant de votre passion.

CONFITEOR

Repassez dans l'amertume de votre cœur les péchés que vous avez commis. Rappelez en gros et confusément ceux qui vous humilient davantage. Exposez à Dieu vos faiblesses ; priez-le qu'il vous les pardonne, et que l'abîme de vos misères attire sur vous, dans ce sacrifice, l'abîme de ses miséricordes.

Je m'accuse devant vous, ô mon Dieu, de tous les péchés dont je suis coupable. Je m'en accuse en présence de Marie, la plus pure de toutes les vierges, de tous les saints, et de tous les fidèles, parce que j'ai péché en pensées en paroles, en actions, en omissions ; par ma faute, oui, par ma faute, et par ma très-grande faute. C'est pourquoi je conjure la très-sainte Vierge et tous les saints de vouloir bien intercéder pour moi.

Seigneur, écoutez favorablement ma prière, et accordez-moi l'indulgence, l'absolution et la rémission de tous mes péchés.

KYRIE, ELEISON

Entretenez-vous dans un doux sentiment de confiance en la bonté de Dieu, qui, vous permettant d'employer un moyen aussi efficace que celui-ci pour lui demander la grâce de votre réconciliation, vous donne en même temps un gage assuré que vous pourrez l'obtenir.

Divin Créateur de nos âmes, ayez pitié de l'ouvrage de vos mains; Père miséricordieux, faites miséricorde à vos enfants.

Auteur de notre salut, immolé pour nous, appliquez-nous les mérites de votre mort et de votre précieux sang.

Aimable Sauveur, doux Jésus, ayez compassion de nos misères, pardonnez-nous nos péchés.

GLORIA IN EXCELSIS

Concevez un grand désir de procurer à Dieu toute la gloire, et au prochain tout le bien que vous pourrez. Réjouissez-vous avec les Anges de la part que vous avez à la connaissance des saints mystères. Remplissez-vous des hautes et magnifiques idées de la majesté de Dieu, et de Jèsus-Christ son Fils.

Gloire à Dieu dans le ciel, et paix sur la terre aux hommes de bonne volonté. Nous vous louons, Seigneur, nous vous bénissons, nous vous adorons, nous vous glorifions, nous vous rendons de très-humbles actions de grâces, dans la vue de votre grande gloire, vous qui êtes le Seigneur, le souverain Monarque, le Très-Haut, le seul vrai Dieu, le Père tout puissant.

Adorable Jésus, fils unique du Père, Dieu et Seigneur de toutes choses, Agneau envoyé de Dieu pour effacer les péchés du monde, ayez pitié de nous, et, du haut du ciel où vous régnez avec votre Père, jetez un regard de compassion sur nous. Sauvez-nous, vous êtes le seul qui le puissiez, Seigneur Jésus, parce que vous êtes le seul infiniment saint, infiniment puissant, infiniment adorable, avec le Saint-Esprit, dans la gloire du Père. Ainsi soit-il.

ORAISON.

Accordez-nous, Seigneur, par l'intercession de la sainte Vierge et des saints que nous honorons, toutes les grâces que votre ministre vous demande pour lui et pour nous. M'unissant à lui, je vous fais la même prière pour ceux et pour celles pour qui je suis obligé de prier, et je vous demande, Seigneur, pour eux et pour moi, tous les secours que vous savez nous être nécessaires afin d'obtenir la vie éternelle au nom de J.-C. N. S. Ainsi soit-il.

ÉPÎTRE

Transportez-vous en esprit au temps des Patriarches et des Prophètes, qui ne soupiraient qu'après le Messie;

entrez dans leurs empressements, formez leurs désirs, prenez les sentiments qu'ils eurent alors; vous attendez le même Sauveur, et, plus heureux qu'eux, vous le voyez.

Mon Dieu, vous m'avez appelé à la connaissance de votre sainte loi, préférablement à tant de peuples qui vivent dans l'ignorance de vos mystères. Je l'accepte de tout mon cœur, cette divine loi, et j'écoute avec respect les oracles sacrés que vous avez prononcés par la bouche de vos Prophètes. Je les révère avec toute la soumission qui est due à la parole d'un Dieu, et j'en vois l'accomplissement avec toute la joie de mon âme.

Que n'ai-je pour vous, ô mon Dieu, un cœur semblable à celui des saints de votre ancien Testament! Que ne puis-je vous désirer avec l'ardeur des Patriarches, vous connaître et vous révérer comme les Prophètes, vous aimer et m'attacher uniquement à vous comme les Apôtres!

ÉVANGILE

Regardez l'Évangile que vous allez entendre comme la règle de votre foi et de vos mœurs; règle que Jésus-Christ lui-même vous a tracée, et que vous avez promis de suivre par les engagements du baptême ; règle que vous observez mal, et sur laquelle vous serez jugé sans adoucissement et sans appel

Ce ne sont plus, ô mon Dieu, les Prophètes ni les Apôtres qui vont m'instruire de mes devoirs: c'est votre Fils unique, c'est sa parole que je vais entendre. Mais, hélas! que me servira d'avoir cru que c'est votre parole Seigneur Jésus, si je n'agis pas conformément à ma croyance? Que me servira, lorsque je paraîtrai devant vous, d'avoir eu la foi, sans le mérite de la charité et des bonnes œuvres?

Je crois, et je vis comme si je ne croyais pas, ou comme si je croyais un Evangile contraire au vôtre. Me me jugez pas, ô mon Dieu, sur cette opposition perpétuelle que je mets entre vos maximes et ma conduite. Je crois, mais inspirez-moi le courage et la force de pratiquer ce que je crois. A vous Seigneur, en reviendra toute la gloire.

CREDO

Affermissez ici votre foi. Tout ce que l'Église propose à votre croyance est fondé sur la parole de Dieu, annoncée par les Prophètes, révélée dans les Écritures, déclarée par les miracles, vérifiée par l'établissement de la foi, confirmée par les Martyrs, et rendue sensible par la sainteté de notre religion, et par le solide consentement de ceux qui la professent avec fidélité.

Je crois en un seul Dieu, Père tout-puissant, qui a fait le ciel et la terre, les choses visibles et invisibles; en un Seigneur Jésus-Christ, Fils unique de Dieu, né de Dieu son Père avant tous les siècles: Dieu de Dieu, lumière de lumière, vrai Dieu du vrai Dieu; engendré et non créé, consubstantiel à son Père, et par qui tout a été fait. Qui est descendu du ciel pour l'amour de nous et pour notre salut : qui s'est incarné, par l'opération du Saint-Esprit, dans le sein de la Vierge Marie, et qui s'est fait homme. Je crois aussi que Jésus-Christ a été crucifié pour l'amour de nous sous Ponce-Pilate; qu'il a souffert la mort, et qu'il a été enseveli ; qu'il est ressuscité le troisième jour suivant les Ecritures, qu'il est monté au ciel, et qu'il est assis à la droite de son Père; qu'il viendra encore une fois sur la terre avec gloire pour juger les vivants et les morts et que son règne n'aura point de fin.

Je crois au Saint-Esprit, Seigneur et vivifiant, qui procède du Père et du Fils, qui est adoré et glorifié avec le Père et le Fils, et qui a parlé par les prophètes. Je crois que l'Eglise est une, sainte, catholique et apostolique ; je confesse qu'il y a un baptême pour la rémission des péchés, et j'attends la résurrection des morts, et la vie du siècle à venir. Ainsi soit-il.

OFFERTOIRE

Songez au bonheur inconcevable que vous avez de trouver dans ce sacrifice de quoi honorer parfaitement Dieu, le remercier d'une manière qui égale ses dons, effacer entièrement vos péchés, et obtenir, tant pour vous que pour les autres, toutes les grâces dont vous avez besoin ; et mettez à profit tous les précieux moments de cet inestimable bonheur.

Père infiniment saint, Dieu tout-puissant et éternel, quelque indigne que je sois de paraître devant vous, j'ose vous présenter cette hostie par les mains du Prêtre, avec l'intention qu'a eue Jésus-Christ mon sauveur lorsqu'il institua ce sacrifice, et qu'il a encore au moment où il s'immole ici pour moi.

Je vous l'offre pour reconnaître votre souverain domaine sur moi et sur toutes les créatures. Je vous l'offre pour l'expiation de mes péchés et en actions de grâces de tous les bienfaits dont vous m'avez comblé.

Je vous l'offre enfin, mon Dieu, cet auguste sacrifice, afin d'obtenir de votre infinie bonté pour moi, pour mes parents, pour mes bienfaiteurs, mes amis, et mes ennemis, ces grâces précieuses du salut qui ne peuvent être accordées à un pécheur qu'en vue des mérites de celui qui est le Juste par excellence, et qui s'est fait victime de propitiation pourtous.

Mais, en vous offrant cette adorable victime je vous recommande, ô mon Dieu, toute l'Eglise catholique, notre saint Père le Pape, notre Évêque, les pasteur des âmes, nos supérieurs spirituels et temporels, les princes chrétiens et tous les peuples qui croient en vous.

Souvenez-vous aussi, Seigneur, des fidèles trépassés ; et, en considération des mérites de votre Fils, donnez-leur un lieu de rafraîchissement, de lumière et de paix.

N'oubliez pas, mon Dieu, vos ennemis et les miens ; ayez pitié de tous les infidèles, des hérétiques et de tous les pécheurs. Comblez de bénédictions ceux qui me persécutent, et pardonnez-moi mes péchés, comme je leur pardonne tout le mal qu'ils me font ou qu'ils voudraient me faire. Ainsi soit-il.

PRÉFACE

Élevez-vous en esprit dans le ciel, jusqu'au pied du trône de la Divinité. Là, pénétré d'une sainte et respectueuse crainte, à la vue de cette éclatante majesté, rendez-lui vos hommages, et mêlez vos louanges aux célestes cantiques des Anges et des Chérubins qui l'environnent.

Voici l'heureux moment où le Roi des Anges et des hommes va paraître. Seigneur, remplissez-moi de votre esprit ; que mon cœur, dégagé de la terre, ne pense qu'à vous. Quelle obligation n'ai-je pas de vous bénir et de vous louer en tout temps et en tout lieu, Dieu du ciel et de la terre, maître infiniment grand, Père tout-puissant et éternel !

Rien n'est plus juste, rien n'est plus avantageux que de nous unir à Jésus-Christ pour vous adorer continuellement. C'est par lui que tous les esprits bienheureux rendent leurs hommages à votre majesté ; c'est par lui que toutes les Vertus du ciel, saisies d'une frayeur respectueuse, s'unissent pour vous glorifier. Souffrez, Seigneur, que nous joignions nos faibles louanges à celles de ces saintes intelligences, et que, de concert avec elles ; nous disions dans un transport de joie et d'admiration :

SANCTUS

Saint, Saint, Saint, est le Seigneur, Dieu des armées! Tous l'univers est rempli de sa gloire. Que les bienheureux le bénissent dans le ciel. Béni soit celui qui vient sur la terre, Dieu et Seigneur comme celui qui l'envoie.

CANON

Représentez-vous l'autel sur lequel Jésus-Christ va se rendre, comme le trône de sa miséricorde, où vous avez droit de vous présenter pour exposer tous vos besoins, pour demander et pour obtenir. Dieu, qui nous donne son propre Fils, peut-il nous refuser quelque chose?

Nous vous conjurons, au nom de Jésus-Christ, votre Fils et notre Seigneur, ô Père infiniment miséricordieux, d'avoir pour agréable et de bénir l'offrande que nous vous présentons, afin qu'il vous plaise de conserver, de défendre et de gouverner votre sainte Église catholique, avec tous les membres qui la composent : le Pape, notre Évêque, et généralement tous ceux qui font profession de votre sainte foi.

Nous vous recommandons en particulier, Seigneur, ceux pour qui la justice, la reconnaissance et la charité nous obligent de prier ; tous ceux qui sont présents à cet adorable sacrifice, et singulièrement *N**** et *N****. Et afin, grand Dieu, que nos hommages vous soient plus agréables, nous nous unissons à la glorieuse Marie, toujours vierge, mère de notre Dieu et Seigneur Jésus-Christ, à tous vos Apôtres, et à tous les bienheureux Martyrs, et à tous les saints, qui composent avec nous une même Église.

Que n'ai-je, en ce moment, ô mon Dieu, les désirs enflammés avec lesquels les saint Patriarches souhaitaient la venue du Messie ! Que n'ai-je leur foi et leur amour ! Venez, Seigneur Jésus, venez, aimable Réparateur du monde, venez accomplir un mystère qui est l'abrégé de toutes vos merveilles. Il vient cet Agneau de Dieu ; voici l'adorable victime par qui tous les péchés du monde sont effacés.

ÉLÉVATION

Voilà votre Dieu, votre Sauveur et votre Juge. Soyez quelque temps dans le silence, comme saisi d'admiration à la vue de ce qui se passe sur l'autel. Rappelez toute votre ferveur, et livrez-vous à tous les sentiments que le respect, la confiance et la crainte sont capables d'inspirer.

Verbe incarné, divin Jésus, vrai Dieu et vrai homme, je crois que vous êtes ici présent; je vous y adore avec humilité, je vous aime de tout mon cœur; et, comme vous y venez pour l'amour de moi, je me consacre entièrement à vous.

J'adore ce sang précieux que vous avez répandu pour tous les hommes; et j'espère, ô mon Dieu, que vous ne l'aurez pas versé inutilement pour moi. Faites-moi la grâce de m'en appliquer les mérites. Je vous offre le mien, aimable Jésus, en reconnaissance de cette charité infinie que vous avez eue de donner le vôtre pour l'amour de moi.

SUITE DU CANON

Contemplez affectueusement votre Sauveur sur l'autel. Méditez les mystères qu'il y renouvelle. Unissez le sacrifice de votre cœur à celui de son corps. Offrez-le à Dieu son Père ; suppliez-le d'accepter les prières que ce cher Fils lui fait pour vous, et priez vous-même pour les autres.

Quelles seraient donc désormais ma malice

et mon ingratitude, si, après avoir vu ce que je vois, je consentais à vous offenser? Non, mon Dieu, je n'oublierai jamais ce que vous me représentez par cette auguste céremonie; les souffrances de votre Passion, la gloire de votre Résurrection, votre corps tout déchiré, réellement présent à mes yeux sur cet autel.

C'est maintenant, éternelle majesté, que nous vous offrons de votre grâce véritablement et proprement la victime pure, sans tache, s'il vous a plu de nous donner vous-même, et dont toutes les autres n'étaient que la figure. Oui, grand Dieu, nous osons vous le dire, il y a ici plus que tous les sacrifices d'Abel, d'Abraham et de Melchisédech, la seule victime digne de votre autel, notre Seigneur Jésus-Christ votre Fils, l'unique objet de vos éternelles complaisances.

Que tous ceux qui participent ici de la bouche ou du cœur à cette victime sacrée, soient remplis de sa bénédiction.

Que cette bénédiction se répande, ô mon Dieu, sur les âmes des fidèles qui sont morts dans la paix de l'Église, et particulièrement sur l'âme de *N**** et de *N****. Accordez-leur, Seigneur, en vertu de ce sacrifice, la délivrance entière de leurs peines.

Daignez nous accorder aussi un jour cette

grâce à nous-mêmes, Père infiniment bon, et faites-nous entrer en société avec les saints Apôtres, les saints Martyrs, et tous les saints afin que nous puissions vous aimer et vous glorifier éternellement avec eux. Ainsi-soit-il.

PATER NOSTER

Nous voici avec Jésus sur un nouveau Calvaire. Tenons-nous au pied de sa croix avec une tendre compassion, comme Madeleine; avec un amour fidèle, comme saint Jean; avec l'espérance de le voir un jour dans sa gloire, comme les autres disciples. Regardons-le quelquefois de loin, et pleurons nos péchés avec saint Pierre.

Que je suis heureux, ô mon Dieu, de vous avoir pour Père! que j'ai de joie de songer que le ciel où vous êtes doit être un jour ma demeure! Que votre saint nom soit glorifié par toute la terre. Régnez absolument sur tous les cœurs et sur toutes les volontés. Ne refusez pas à vos enfants la nourriture spirituelle et corporelle. Nous pardonnons de bon cœur; pardonnez-nous. Soutenez-nous dans les tentations et dans les maux de cette misérable vie; mais préservez-nous du péché, le plus grand de tous les maux. Ainsi soit-il.

AGNUS DEI

Dieu, qui est si glorieux dans le ciel, si puissant sur la terre, si terrible dans les enfers, n'est ici qu'un Agneau plein de douceur et de bonté. Il y vient pour effacer les péchés du monde, et en particulier les vôtres. Quel motif de confiance! quel sujet de consolation!

Agneau de Dieu, immolé pour moi, ayez pitié de moi. Victime adorable de mon salut, sauvez-moi. Divin médiateur, obtenez-moi ma grâce auprès de votre Père, donnez-moi votre paix.

COMMUNION

Pour communier spirituellement, renouvelez par un acte de foi le sentiment que vous avez de la présence de Jésus-Christ; formez un acte de contrition, excitez dans votre cœur un désir ardent de le recevoir avec le Prêtre; priez-le qu'il agrée ce désir, et qu'il s'unisse à vous, en vous communiquant ses grâces.

Si vous voulez communier sacramentellement, servez-vous ici des prières avant la communion, ci-après, *p.* 62.

Qu'il me serait doux, ô mon aimable Sauveur, d'être du nombre de ces heureux chrétiens à qui la pureté de conscience et une tendre piété permettent d'approcher tous les jours de votre sainte table!

Quel avantage pour moi, si je pouvais en ce moment vous posséder dans mon cœur, vous y rendre mes hommages, vous y exposer mes besoins, et participer aux grâces que vous faites à ceux qui vous reçoivent réellement! Mais, puisque j'en suis très indigne, suppléez, ô mon Dieu, à l'indisposition de mon âms. Pardonnez-moi tous mes péchés, je les déteste de tout mon cœur, parce qu'ils vous déplaisent. Recevez le désir sincère que j'ai de m'unir à vous. Purifiez-moi d'un seul de vos regards, et mettez-moi en état de vous bien recevoir au plus tôt.

En attendant cet heureux jour, je vous conjure, Seigneur, de me faire participer aux fruits que la communion du Prêtre doit produire en tout le peuple fidèle qui est présent à ce sacrifice. Augmentez ma foi par la vertu de ce divin sacrement, fortifiez mon espérance, épurez en moi la charité, remplissez mon cœur de votre amour, afin qu'il ne respire plus que pour vous, et qu'il ne vive plus que pour vous. Ainsi soit-il.

DERNIÈRES ORAISONS

Efforcez-vous de rendre au Sauveur sacrifice pour sacrifice, en devenant la victime de son amour, en lui immolant toutes les recherches de l'amour-propre, toutes les attentions du respect humain, toutes les répugnances et toutes les inclinations qui ne s'accordent pas avec l'accomplissement de vos devoirs.

Vous venez, ô mon Dieu, de vous immoler pour mon salut, je veux me sacrifier pour votre gloire. Je suis votre victime, ne m'épargnez point. J'accepte de bon cœur toutes les croix qu'il vous plaira de m'envoyer, je les bénis, je les reçois de votre main, et je les unis à la vôtre.

Me voici purifié par vos saints mystères, je fuirai avec horreur les moindres taches du péché, surtout de celui où mon penchant m'entraîne avec plus de violence. Je serai fidèle à votre loi, et je suis résolu de tout perdre et de tout souffrir, plutôt que de la violer.

BÉNÉDICTION

Bénissez, ô mon Dieu, ces saintes résolutions, bénissez-nous tous par la main de votre ministre, et que les effets de votre bénédiction demeurent éternellement sur nous. Au nom du Père, du Fils, et du Saint-Esprit. Ainsi soit-il.

DERNIER ÉVANGILE.

Verbe divin, Fils unique du Père, lumière du monde venue du ciel pour nous en montrer le chemin, ne permettez pas que je ressemble à ce peuple infidèle qui a refusé de vous reconnaître pour le Messie. Ne souffrez pas que je tombe dans le même aveuglement que ces malheureux, qui ont mieux aimé devenir esclaves de Satan, que d'avoir part à la glorieuse adoption d'enfants de Dieu, que vous veniez leur procurer.

Verbe fait chair, je vous adore avec le respect le plus profond ; je mets toute ma confiance en vous seul, espérant fermement que, puisque vous êtes mon Dieu, et un Dieu qui s'est fait homme afin de sauver les hommes, vous m'accorderez les grâces nécessaires pour me sanctifier, et vous posséder éternellement dans le ciel. Ainsi soit-il.

Ne sortez point de l'église sans avoir témoigné votre reconnaissance pour toutes les grâces que Dieu vous a faites dans ce sacrifice. Conservez-en précieusement le fruit, et faites qu'on demeure convaincu, en vous voyant, que vous avez profité de la mort et de l'immolation d'un Dieu sauveur.

Prière après la sainte Messe.

SEIGNEUR, je vous remercie de la grâce que vous m'avez faite, en me permettant d'assister aujourd'hui au sacrifice de la sainte Messe, préférablement à tant d'autres qui n'ont pas eu le même bonheur ; et je vous demande pardon de toutes les fautes que j'ai commises par la dissipation et la langueur où je me suis laissé aller en votre présence. Que ce sacrifice, ô mon Dieu, me purifie pour le passé et me fortifie pour l'avenir.

Je vais présentement avec confiance aux occupations où votre volonté m'appelle. Je me souviendrai toute cette journée de la grâce que vous venez de me faire, et je tâcherai de ne laisser échapper aucune parole, aucune action, de ne former aucun désir ni aucune pensée qui me fasse perdre le fruit de la Messe que je viens d'entendre. C'est ce que je me propose, avec le secours de votre sainte grâce. Ainsi soit-il.

TABLE DES MATIÈRES

PARIS-AUTEUIL. — IMPRIMERIE DES APPRENTIS-ORPHELINS. — ROUSSEL
40, rue La Fontaine, 40.

www.ingramcontent.com/pod-product-compliance
Lightning Source LLC
LaVergne TN
LVHW012331060726
842524LV00017B/499